マンスリー&ウィークリーで
幸運を呼び込む
「2度書き」手帳術

幸せな人は
みんな
やっている

手帳セラピスト
さとうめぐみ 著

東邦出版

はじめに

「この手帳を使いこなせるようになったら、もっと……」

毎年新しい手帳を購入するたびに、こんな気持ちになる人がどれだけたくさんいることでしょうか。「仕事の能率が上がるかも」「自分の時間が持てるかも」「毎日が充実するかも」「豊かになれるかも」そして、「自分自身に自信が持てるかも」……。「もっと」の先は、手帳を手にする人の数だけあることでしょう。

手帳に刻まれた日付のひとつひとつを満足できる日々にしていけたら、きっと幸せになれるはず……。手帳ほど、手にする者に未来への大きな期待を抱かせる文具は、他にないかもしれません。

「手帳を上手に使えるようになると幸せになれるかもしれない」と想起するのは、時間と幸運がよく似ているものだから。時間も幸運も前から流れるようにやってき

て、気づかぬうちに後ろへと通りすぎてしまう、なかなか手にすることができないつかみどころのないもの……。手帳という「時間の入れ物」を使って上手に時間をつかまえておくことができれば、幸運も同様に、やってきた時にその手でしっかりとつかむことができるはずです。

手帳はただの文具、と思っている人には信じられないかもしれませんが、手帳に書くだけで誰もが「ちょっと幸せ」になれるのは確かなことなのです。本書では**書きかたをちょっと工夫するだけで、面白いように幸運を呼び込んで、思い通りの幸せな毎日を過ごすことができる**秘密の法則を紹介しています。

「手帳セラピー」、これが幸運を呼び込む秘密の法則の呼び名です。「時間の入れ物」である手帳に、5色のペンで色分けしながら「予定」を書き込むことで、時間とスケジュールを視覚化。すると同時に、予定に付随しているいろいろな「気持ち」や思いがけない「偶然」が生まれていることも見えてくる……。

目に見えない「時間」「予定」「気持ち」「偶然」が、手帳の上で見えるようになると、パズルのピースが組み合うように、今の自分の立ち位置が明らかになります。今やるべきことがすっきり整理整頓され、あれほど迷っていた自分の進む道が、はっきりと見えてきます。そしていつの間にか、書いた通り、あるいは書いた以上の幸運を受け取っていることに気づけるのです。そんな魔法のような手帳術が**「手帳セラピー」**です。

書くことで自分自身に出会い、行動を起こす力を引き出すセルフセラピー「手帳セラピー」の根幹は、予定を**「2度書き」**すること。

「2度書きなんて面倒！」と思われるかもしれませんが、日々の予定をマンスリーからウィークリーにたった一度書き写せばよいのです。1日5分手帳を開くだけで、確実に幸運はあなたの手に入ります。未定の予定や未整理の考えをメモ欄から時間欄に書き写していくと、驚くように毎日がスムーズに流れはじめるでしょう。

本書は、はじめて「手帳セラピー」を知る人に限らず、すでに「手帳セラピー」を実践している人にも活用してもらえるよう、1カ月間で手帳の書きかたの基本がマスターできる構成になっています。1カ月で幸運を呼び込む手帳の法則が自然と身につくでしょう。1日1ページずつ本書を読み進め、自分の手帳に書き込めば、ペンの色分けがひと目でわかる記入例や、幸運を呼び込みやすい表現例をふんだんに取り入れました。1カ月で幸運を呼び込む手帳の法則が自然と身につくでしょう。

手帳は「時間の入れ物」であり「幸運を呼び込む魔法の文具」。

1カ月後、自分自身との調和という最高の幸せを手にするために、**「手帳セラピー」**1カ月レッスンを始めてみませんか？

CONTENTS

はじめに ……… 2

逆引き手帳辞典 ……… 10

1週目 書きかたの基本をおさえよう
手帳セラピーの「決まりごと」とマンスリーページの基本

- 0日目 手帳を開く、その前に ……… 16
- 1日目 5色ペンで色分けしてみよう ……… 20
- 2日目 「今月のテーマ」を決めよう ……… 22
- 3日目 可能形、進行形、完了形など肯定表現で書き込もう ……… 24
- 4日目 「やりたいこと」と「やること」を振り分けてみよう ……… 26
- 5日目 「人との約束事」と「自分との約束事」を書き分けよう ……… 28
- 6日目 日常・定例の予定も記入しよう ……… 30
- 7日目 1週間をふりかえってみよう ……… 32

1週目のまとめと補足 ……… 34

2週目

手帳でライフスタイルを「整理整頓」してみよう

脱・ただのスケジュール帳！ 一歩進んだマンスリーページの使いかた

- 8日目 期限のない予定も記入しよう ……… 38
- 9日目 予定が変更になったら「見え消し」で対策を考えよう ……… 40
- 10日目 予定は「2度書き」することで確実に実行！ マンスリーページ1日分のマス目の使いかた ……… 42
- 11日目 仕事のピークを「見える化」しよう ……… 44
- 12日目 「完全休息日」を設けよう ……… 46
- 13日目 手帳を整理整頓しよう ……… 48
- 14日目 2週目のまとめと補足 ……… 52

3週目

「2度書き」手帳で、もっと毎日を充実させよう
マンスリーページとウィークリーページの使いこなし術

- 15日目 手帳の「2度書き」で毎日をコントロールしよう …… 56
- 16日目 今週「やりたいこと」と「やること」を振り分けよう …… 58
- 17日目 1日の物語(ストーリー)を作成しよう …… 60
- 18日目 締め切りの前に「MY締め切り」を設けよう …… 62
- 19日目 「豊かさのギフト」と「ハッピーギフト」を探そう …… 64
- 20日目 「□一日一縁」を設定しよう …… 68
- 21日目 1日8回手帳を見よう …… 72
- 3週目のまとめと補足 …… 74

4週目 思い通りの未来をつくる 手帳セラピーメソッド
手帳をフルに活用する、上級テクニックと使いこなしポイント

- 22日目 思い通りの明日をつくる！「1週間未来宣言」をしよう …… 78
- 23日目 「夢への行動」の日を設定しよう …… 82
- 24日目 1日の自分をふりかえる「プチ内観」を記入してみよう …… 86
- 25日目 「シンクロ」と「直感」を意識してみよう …… 90
- 26日目 予定の「繰り越し」を減らそう …… 94
- 27日目 悪習慣を断ち切る「やらないことリスト」をつくろう …… 98
- 28日目 書けば引き寄せられる！「欲しいものリスト」をつくろう …… 102
- 29日目 将来の夢や希望を叶える「ワクワクリスト」をつくろう …… 104
- 30日目 1日の終わらせかた・寝る前の手帳タイムの取りかた …… 106
- 31日目 1カ月をふりかえる月末手帳タイムの過ごしかた …… 110
- 1カ月のまとめと補足 …… 114

COLUMN
- 付箋使いには転記のルールを！ …… 54
- 思いつき行動を後ろ□で見える化 …… 76
- 自分にピッタリな手帳の探しかた …… 118

- おわりに
- はじめの一歩 …… 122
- 欲しいものリスト …… 125
- 【特別収録】手帳セラピーワークシート …… 124
- 手帳セラピーおすすめグッズ …… 126
- ワクワクリスト …… 127

【 本書の使いかた 】

この本は2通りの使いかたが可能です。

○冒頭から1日1項目ずつ読み進める「1カ月レッスン」

手帳の使いかたを一から学びたい人、「手帳セラピー」を初めて体験する人、「手帳セラピー」を初心に戻っておさらいしたい人はP16から1日1項目ずつ読み進めましょう。

○手帳に関する悩み事から「逆引き」する

P14「逆引き手帳辞典」を使えば、今抱えている悩みを解決するために、どのページを読めばよいのかが分かります。すでに手帳の書きかたをマスターしている人も、「ウィークポイント探し」として使用してみてください。

逆引き手帳辞典

ライフスタイルに関する悩み

✓ **ワークライフバランスを整えたい** …………… 20
だらだらする日が続いたかと思うと、急に仕事が忙しくなってクタクタ……。そんな不規則な毎日を送ってしまうのは、自分の体調や気持ちの変化をきちんと把握していないからかもしれません。

✓ **何をするでもなく、なんとなく毎日が過ぎてしまう** …………… 22
有意義な日々を送りたいのに、なんとなく日々が過ぎてしまう。そんなあなたは、頭の中だけで漠然と理想の生活を想像している可能性あり。思うだけでは実現に至らないので、書き出すことが大切なのです。

✓ **「ツイてないなぁ」と思うことが多い** …………… 64
幸運な出来事はなかなかないのに、アンラッキーな出来事ばかり身近に起きる。私はツイていない……と感じるのは、よくない出来事にばかり目を向けて、幸運を迎え入れる準備ができていないからかも。

✓ **単調な毎日の繰り返しで、憂鬱な気分になりがち** …………… 68
毎日仕事に行って、遅くまで働いて。変化のない単調な毎日に、すっかりブルーな気分……。そんなあなたは、単調な日々に変化をくれる「ワクワク」が不足しているのかもしれません。

✓ **理想の毎日と現実のギャップが激しい** …………… 78
毎朝スッキリ目覚めて、サクサク仕事をこなして、趣味の時間も充実。そんな理想の毎日を送りたいのに、現実は……。理想通りの明日をつくるには、「実現できる」という思い込みのパワーを補給する必要があるでしょう。

✓ **夜寝る前、1日の反省点や後悔ばかり頭に浮かぶ** …………… 106
反省や後悔の気持ちが渦巻いて、すっきりした気分で次の日を迎えることができない……。そんな人は、1日のふりかえりを頭の中だけで行っている可能性あり。手帳に書き出して頭の中を整理することから始めましょう。

仕事に関する悩み

✓ **毎月仕事の大波に飲まれてしまう** …………… 46
楽しい予定を入れた日に限って、大量の仕事が押し寄せてくる。ゆとりを持って仕事を片づけられず、趣味の時間も取れない……。それは仕事のピークがいつごろ訪れるか把握していないせいかもしれません。

✓ **休日は定期的にあるのに、疲れがとれない** …………… 48
精一杯働いた分、休日はリフレッシュしたい！　なのにいざ休日となると、かえってくたびれる用事を入れてしまったり、仕事のことを考えたり……。すっきり疲れがとれないのは、予定の入れすぎに原因があるのかも。

✓ いつも締め切りに間に合わない！ ……………………………… 62
企画書提出の締め切りまでだいぶ余裕があるのに、ギリギリにならないとエンジンがかからない……。それは、具体的にどう進めればいいか分からずウンザリして、つい先延ばしにしてしまうからかもしれません。

時間をうまく使えない悩み

✓ 仕事や趣味に時間をかけても充実感が味わえない …………… 32
忙しく趣味や仕事に打ち込んだのに、いまひとつ充実感がない。価値ある時間を過ごした気分を味わえない……。そんな人は手帳を見て1週間をふりかえると、充実した日々を過ごすためのヒントが見えてきます。

✓ 時間に追われて生活している気がする ……………………… 56
手帳にやることをどんどん書いていくと、あれもやらなきゃ、これもやらなきゃでウンザリ！ 時間にせっつかれている気分……。そんなあなたは、「自分で時間の舵取りをしている」実感を得る必要がありそうです。

✓ 何もできないまま、気がつくと1カ月が終わっている ……… 110
あれもやろう、これもやろうと思っていたのに、気がつくと何もできないまま1カ月が終わっている……。そんな気持ちになって落ち込むのは、できなかったことにばかり目が向いているせいかもしれません。

スケジュールがうまく立てられない悩み

✓ 毎月「見送り」の案件が増えていく ………………………… 26
時間に余裕がある時に、免許の更新に行こう。友だちにプレゼントを買おう……。そんな思いつきはキチンと記録しておかないと、いざ余裕ができた時に思い出せなくて、実践できず先送りになってしまうようです。

✓ 自分のことがいつも後まわしになってしまう ……………… 28
定期的に運動をしたり、部屋を片づけたり、自分のためにも時間を使いたい……。人との約束を守るので精一杯で自分のことが後回しになるのは、「自分と約束をする」習慣がついていないせいかも。

✓ 手帳は真っ白なのに毎日が慌ただしい ……………………… 30
あまり書くことがなくて、手帳が真っ白。まるで時間に余裕がありそうなのに、実際には忙しくて何もできない……。そんなふうに感じてしまうのは、日々のルーチンワークを手帳に書き込んでいないためかもしれません。

✓ やることばかりで、本当にやりたいことができない ………… 38
旅行や習い事など、やりたいことはたくさんあるのに、なかなか実践できない……。ぼんやりと思い浮かべるだけだと「やること」ばかりに追われて、なかなか「やりたいこと」をスケジュールに入れられないようです。

✓ 予定がたびたび変更になってスケジュールが破綻してしまう ……… 40
手帳に予定を記入しても、その時になってイマイチやる気が出なくて、予定を変更してばかり。そんなあなたはもしかすると、忙しい時期や仕事で疲れている時に予定を入れてしまいがちなのかも。

スケジュールがうまく立てられない悩み

✓ **予定通りに行動したい！** ………………………………… 42
手帳に「部屋の掃除」と予定を書いたけれど、いざ始めてみると何から手をつけていいか分からない！ 結局ダラダラして実践できないまま……。そんな状況に陥るのは、具体的な行動を把握していないからかも。

✓ **手帳を見ても、スケジュールをきちんと把握できない** ……………… 44
銀行の振り込みや買い物の予定など、手帳に用件をいろいろ書き込んだけど、いつ、どの用件から手をつけていいのか、よく分からない。そんな悩みを持っている人は、用件の書き込みかたを工夫する必要があります。

✓ **いつも「やりたいこと」が後まわしになってしまう** ……………… 58
ある週はやりたいことばかり夢中になって、やるべきことができなかった。またある週はやるべきことに追われて、やりたいことが全然できなかった……。そんな生活とサヨナラするには、両方を手帳に書き出すことが大切です。

✓ **予定通りに物事が進まない原因を知りたい** ……………… 60
1時間で片づけを終える予定が、2時間かかってしまった。夕方までに図書館に行く予定が、間に合わなくて閉館してしまった……。予定通りに物事が進まないのは、所要時間を漠然と見積っているせいかもしれません。

✓ **何度手帳に書いても実行できないことがある** ……………… 94
「やらなければ」と思って手帳に書くのに、いつまで経っても実行できない。先延ばしを続けるうちに、どんどん心の重荷になっていく……。そんな苦手な案件は、ちょっとしたコツを覚えれば取り組めるようになるのです。

なかなか夢をかなえられない悩み

✓ **ずっと思い描いている夢があるけれど、なかなか叶わない** ………… 82
資格を取得したいなどの大きな夢から、ほんの少し今より時間があればできるささやかな夢まで、誰しもきっと何かしらの「夢」は持っているはず。夢を叶えるための第一歩を踏み出す方法を考えてみましょう。

✓ **やりたいことや叶えたい夢がたくさんある** ……………… 104
あれもしたい、これもしたい！ やりたいことや叶えたい夢がたくさんありすぎて、何から手をつけていいか分からない……。そんな場合は、1度頭の中から棚卸しすることで、叶えるためのヒントが見えてきます。

その他の悩み

✓ **手帳に書くとプレッシャーになる** ……………………………… 24
○日までにこれをしなくちゃ、あれもしなくちゃ……。手帳に書き出してみると、予想以上に「やるべきこと」が出てきて、もうウンザリ……。そんな思いから開放されるには、書きかたにちょっとした工夫が必要です。

✓ いつの間にか手帳がパンパンになってしまう ……………… 50

電話番号を書いたメモ、ダイレクトメール、クーポンなどなど。ついつい手帳にいろんなものをはさみ込んでしまい、はち切れんばかりの厚みに……。原因は、転記する癖がついていないからかも。

✓ 手帳を書き忘れたり、見るのを忘れたりしてしまう ……………… 72

手帳に予定を書き忘れたり、書いたとしても見るのを忘れて予定を実践できなかったり……。頻繁に忘れてしまうようなら、手帳を見る癖がついていない証拠。どんな時にチェックすれば習慣化できるか考えましょう。

✓ ネガティブ思考を改善したい ……………… 86

今日も遅刻した、ミスをした……。毎日ネガティブな出来事ばかりを思い出してしまって、もうイヤ！ そんな時は、「プチ内観」でポジティブな気持ちを取り戻す工夫が必要かも。

✓ うまくいく気がしなくて、やる気が起きない ……………… 90

せっかく手帳に予定を書き入れても、うまくいかない気がする。アクシデントが起きそうな気がする……。そんなあなたは、マイナスな直感ばかり働いているのかも。自分にプラスになる直感力を育ててみませんか？

✓ 「やらなくてもいいこと」をダラダラ続けてしまう ……………… 98

朝早く起きたいと思っているのに、夜遅くまでネットサーフィン。部屋の片づけをしたいと思っているのに、ダラダラとテレビを見てしまう……。そんな行動の裏には、あなたの逃避願望が隠れているのかも。

✓ 欲しいものがたくさんあるのに、なかなか手に入らない ……… 102

欲しいものはたくさんあるけど、お金やチャンスがなくて手に入らない……。それは「どうせ手に入らない」という諦めが、情報収集のアンテナを鈍らせ、欲しいものを遠ざけているのかもしれません。

手帳セラピー用語索引

- □一日一縁 …………………………………… 68
- 1週間未来宣言 ……………………………… 78
- 完全休息日 …………………………………… 48
- 肯定表現（可能形、進行形、完了形）………… 24
- シンクロ（シンクロニシティ）………………… 90
- 手帳タイム ………………… 36、56、106、110
- ハッピーギフト ……………………………… 64
- ハッピーマイレージ ………………………… 66
- プチ内観 ……………………………………… 86
- 欲しいものリスト ………………… 102、125
- 見え消し ……………………………………… 40
- 見える化 ………………… 18、30、46、60、86
- 豊かさのギフト ……………………………… 64
- ワクワクリスト …………………… 104、127

14

1週目

書きかたの基本をおさえよう

手帳セラピーの「決まりごと」とマンスリーページの基本

0 日目	手帳を開く、その前に …………	16
1 日目	5色ペンで色分けしてみよう ………	20
2 日目	「今月のテーマ」を決めよう ………	22
3 日目	可能形、進行形、完了形など 肯定表現で書き込もう …………	24
4 日目	「やりたいこと」と 「やること」を振り分けてみよう …	26
5 日目	「人との約束事」と 「自分との約束事」を書き分けよう …	28
6 日目	日常・定例の予定も記入しよう ……	30
7 日目	1週間をふりかえってみよう ………	32
まとめ	1週目のまとめと補足 …………	34

0 手帳を開く、その前に

人間は1日に6万個もの問題やことがらについて考えているといいます。そのうちの大半は「重複」なのです。つまり、何度も繰り返し同じ問題やキーワードについて考えているということになります。

「今日は帰りにトイレットペーパーを買って帰らなければ」「○○さんに連絡をとらなければ」「あのミスはどうして起こったんだろう」……。

もし、そんな思考の重複がなくなったら、目の前の出来事に集中できたり、新しい考え事に脳を使うことができるように思えませんか？

「手帳セラピー」では、これらの問題やキーワードの「一時的なストック場所」として手帳を使

手帳を閉じて、使いかたを考える

レッスンを始めるその前に、一度手帳を閉じてみてください。そしてじっくりと、今までの手帳の使いかたについてふりかえってみましょう。

- □ 現在、あなたはどんな手帳の使いかたをしていますか？
- □ 1日に何回くらい手帳を開きますか？
- □ あなたが手帳に感じている不満は何ですか？
- □ どんなふうに手帳を使えたら、あなたは満足できますか？

用します。手帳に書いておけば、思い出す必要はなくなり、目の前の出来事＝「今」と「ココ（この場所）」に集中すること、あるいは新しいアイデアの創造など、クリエイティブに脳を使うことができるはずです。

手帳をうまく使えるようになれば、人生はあなたが考えているよりもずっと生きやすくなります。思い通りにことが運び、「幸運を得ている」という実感も湧いてくるでしょう。

今まで手帳をスケジュール管理のツールとしか使用していなかった人は、「手帳セラピー」を始めることによって、今と未来が大きく変わるはず。物事のとらえかたが変化し、今まで「ツイていない」と感じていたり混乱の多かった人生も、「得る」人生に転じるでしょう。

手帳を使いこなす基本ルール 1

「手帳を使いこなす」と、ひとことで記すと随分簡単なことのように感じられますが、具体的にはどのように進めたらよいのでしょうか？

ここでは、本書の手帳の書きかたレッスンを始める前に、最低限心に留めておいてほしい「ルール」について解説します。

ひとつ目のルール

手帳は１冊にまとめて、いつでもどこでも持ち歩きましょう。

本書P118でも解説していますが、手帳はプライベート用、仕事用など用途にあわせて分けたりせず、１冊にまとめましょう。手帳は自分の分身です。自分はこの世にひとりしかいないのですから、手帳も１冊にまとめなければなりません。

手帳を使いこなす基本ルール2

ふたつ目のルール

手帳には予定だけではなくて「想い（気持ち）」も書きましょう。

物事をうまく進めるためには、「目に見える形」にすることが大切です。「手帳セラピー」では、これを「見える化」と呼んでいます。人は目の前に見えていないことは忘れてしまったり、ぼんやりとしてしまい、実現のしかたが分からなくなりがち。一方で、目の前に用意されたこと、実現を迫られているものは、どんどんこなす（解決する）ことができるのです。

つまり、手帳を使って、目に見えていないものを「見える化」して、自分の目の前のものにしてしまえば、大抵のことは実現できるはず。

同時に、「書く」という作業をしているうちに「今しかできないこと」「今ではなくてもいいこと」「もうやらなくてもいいこと」の分別ができてくるようになります。つまり、**手帳によって自身の思考を整理整頓できる**のです。

この整理整頓作業のために、本書では自身の心に留まった物事の「棚卸し」を行います。

ずっとやろうと思っていてできないこと、やれたらいいなとぼんやり考えていること、やらなければならないのになかなか気が進まないこと……。

これらの「未定事項」が、あなたを未来へと進めないよう引き止めているのかもしれません。「自信がない」「なんとなく常に不安がある」「なかなか精神的に成長できない」「新しい自分に生まれ変わりたい」と思っている人は、一度自分の「未定事項」を「見える化」し、棚卸し作業を行いましょう。

具体的にどのように手帳へ落とし込むのかは、

は本書P26、P38、P58、P104を参照してください。

手帳を使いこなす基本ルール3

3つ目のルール

イメージングを行いましょう。手帳に書き込む時に、それを実行・実現できている自分をイメージします。同様に、手帳を開いてその予定を確認するたびに、イメージングを行います。

イメージが苦手……という人がいるかもしれません。しかし、誰しも予定を書く際には無意識のうちにイメージングを行っているものです。

例えば、「○○さんと○時に食事」という予定を書き込んだとします。その時に○○さんの姿や、以前にした会話などが自然と頭に浮かんでいませんか？ あるいは「とても楽しみ」「なんとなく憂鬱」など、何らかの感情が浮かんでいるはずです。

逆に言えばイメージできないことは、あなたが主導権を持って実行・実現できないことなのです。予定をこなすだけでは、目の前のことをただ「処理」しているに過ぎません。「取りあえず予定は終わった」では、達成感を味わうことはできず、ただ虚しさや疲労感だけが残ってしまうでしょう。

イメージする

⇩

実現する

⇩

思い通りになった実感が湧いて充実や幸福を感じる

「手帳セラピー」ではこの流れを重要視しています。充実感、幸福感は自分が思い描いたことと現実が一致＝調和した時に初めて得られることを実感していきましょう。

1日目

5色ペンで色分けしてみよう

逆引きG　ワークライフバランスを整えたい

MONTHLY / WEEKLY / DAILY

予定の種別にあわせた色使いをしよう

あなたの手帳はどんな色のペンで書かれていますか？　黒1色？　カラフルな多色使い？　それとも、シャープペンシル？

手帳を使いこなすには、決まった色で予定を書いて見やすくすることが大切です。「手帳セラピー」では、以下のように5色の色分けで記入を行います。

1色目（青）仕事
2色目（緑）プライベート、ワクワクすること
3色目（赤）重要なこと、体調に関すること
4色目（黒）日常生活のこと
5色目（好きな色）「夢」に関する行動

なぜこの5色なのか？　それはそれぞれの色が持つパワーを重視しているからです。青は「冷静沈着」、緑は「安らぎ」や「人とのつながり」、そして赤は「注意喚起」と「生命」を意味します。カラーセラピーに基づいて選んだこの3色は、人間の体が持っているオーラの色といわれています。書き込んだ予定を見るたびに、色が体に働きかけてエネルギーを引き出す効果があるのです。

黒は私的な雑用や家事の予定に使用しましょう。ただし、日常生活に関することでも、あなたをワクワクさせる用事は緑色のペンで記入してください。

「叶えたい夢」がある人は、その夢に関する行動を好きな色で記入しましょう。手帳セラピーでは、「新しいことにチャレンジする勇気」を示すオレンジ色をおすすめしています。

大切なのは、**気分で色を変えず、決まった色分けで書き続けること。** そうすれば1年間をふりかえる際に、「青が多い○月は仕事が忙しかった」、「赤が多い○月は体調を崩しがちだった」など、自分の生活リズムや体調の変化を確認することができるのです。

色分けで自分の気持ちに気づく

また、5色の色を使い分けることで、**自分がどんなことにワクワクするのか気づく**はずです。

例えば、仕事＝青の予定だけれど緑のペンで書きたくなったとします。そんな時は、あなたはその仕事をとても楽しみにしているのでしょう。同様に、プライベートの予定でも、緑のペンを使う気持ちになれない時は、「ワクワクを感じられない予定」なのかもしれません。

もし使う色に迷ったら、青で記入して緑色の円で囲むなど、2色を使って記入しましょう。

> **POINT**
> 色分けで仕事とプライベートのバランスが分かる！どの色で書くべきか迷ったら、2色使いもOK！

2日目 MONTHLY 「今月のテーマ」を決めよう

逆引き◎ 何をするでもなく、なんとなく毎日が過ぎてしまう

「気づけばもう○月！」がなくなる

1カ月前、あなたはどのように過ごしていましたか？ 漠然とした日々を送って、気づいたら1カ月、半年、1年と過ぎ去ってしまっている……なんてことも。手帳はそんな時の流れと上手につきあうためのツールです。

「自分」と「時間」を調和させるために、1カ月をどのように過ごしたいか、テーマを考えてみましょう。

手帳を開くたびに「今月のテーマ」が目に入るようにすれば、自然とそれを意識した生活ができるようになります。なんとなく1カ月が過ぎてしまった、ということもなくなるでしょう。

テーマって、どんなことを書けばいいの？

「今月のテーマ」の決めかたには、2つのパターンがあります。

・**「叶えたい夢」がある場合**

夢を叶えるために必要な工程を毎月のテーマに組み込みましょう。例えば1年後に取得したい資格があるのなら、1月は「資料が順調に集まる」、2月は「1冊目のテキストをスムーズに読破」と、年初にあらかじめ各月へ割り振って

22

「今月のテーマ」はマンスリーページの目立つところに記入しよう

December
12　今月のテーマ　年末も健康で、元気に過ごせる

	Monday　月	Tuesday　火	Wednesday　水	Thurs
	29	30	1	2
	6	7	8	9

最も目につく場所に書くことで、テーマを意識した生活ができるようになる。
仕事で売り上げなどの数値目標がある人は、「テーマ」を「目標」と置き換えてもOK。

書いておきます。

・**具体的な夢が思い浮かばない場合**

　まず、毎月のキーワードをメモページに書き出してみましょう。例えば、12月なら「忘年会」「クリスマス」「年末大そうじ」など。そこから発想を得て、テーマを導き出すのです。

　「忘年会」⇨「お酒をたくさん飲む」⇨「胃が痛くなる」と連想したら、「胃を壊す」とメモ。その言葉を裏返し、どうなれば嬉しいかを考えてみると、「胃を壊さない」⇨「健康に過ごす」というテーマが導き出されます。これを「今月のテーマ」として手帳に書き留めておけば、きっと実りある日々を過ごすことができるはず。

> **POINT**
> 毎月のテーマを決めれば、日々の過ごしかたが明確に

3日目

可能形、進行形、完了形など肯定表現で書き込もう

逆引き ➡ 手帳に書くとプレッシャーになる

「可能」で達成後の自分を思い描こう

テーマや目標を決めたはいいけれど、「〜する」と手帳に書いた途端、重い気持ちになったことはありませんか？ 例えば、「3キロ痩せる」と書いたとすると、その文字を見るたびにストレスが溜まります。やらなくてはいけないことばかりでは、早々に挫折してしまうでしょう。手帳セラピーでは、このようなストレスを軽減し、前向きに達成できるよう、次の例のように可能形、進行形、完了形など肯定表現で書くことをおすすめしています。

- 可能形＝「3キロ痩せられる」
- 進行形＝「3キロ痩せつつある」
- 完了形＝「3キロ痩せた」

肯定表現使い分けのコツ

では可能形、進行形、完了形は、どのように使い分けるのでしょうか。

可能形で「痩せられる」と書くと、「今までは無理だったけれど、アプローチを変えれば実現できるかもしれない」「とりあえずチャレンジしてみよう」など、「できそう」という気持ちが湧いてきませんか？ 可能形には、脳を前向きな

意識に切り換えさせる力があるのです。

進行形の「痩せつつある」は、より具体的なイメージを呼び起こしてくれます。痩せている自分がどんな生活をしているのか、イメージできるようになるはずです。「食事はローカロリーのものを選んでいる」「定期的にジムに通っている」など、思い描いた姿に近づく行動を、自然に取れるようになるでしょう。

完了形で「3キロ痩せた」と書くと、「目標達成後の自分」をより明確に想像できるようになります。「痩せた」と言い切ることが、強い自己暗示になるのです。

例えば、食事の時に「痩せた自分はすっかり少食になるはずだから、たくさんは食べられない」と思い描くことができるようになります。「少食で満足できるようになった」とその気分になることで、無理なくダイエットを実行できるのです。

ただし、完了形を使うことがマイナスに働く場合もあるので要注意。疑いが強いタイプの人は、「でもまだ太っている」とプレッシャーを感じてしまうことも。まずは可能形と進行形で抵抗感を弱めましょう。すでに取り組んでいることや、うまくいっていること、波に乗っていることには完了形を使い、効きめを実感してください。

> **POINT**
>
> 「目標達成後の自分」をイメージできる言葉の力を上手に活用しよう!

4日目 MONTHLY

「やりたいこと」と「やること」を振り分けてみよう

逆引き 毎月「見送り」の案件が増えていく……

未定の予定も書いて「見える化」！

はっきりとした日時が決まっていない予定は、なかなか手帳には記入しにくいもの。でも、期限のない予定はずるずると先延ばしになりがちです。

そんな「見送り」を減らしたいのなら、マンスリーページに「今月やりたいこと」と「今月やること」の欄を設けて記入してみましょう。**手帳は頭の中に収納しきれない「記憶」をストックしておく格納庫**。未定の予定は、仮置き場に書き留めて「見える化」しておけばいいのです。

「やること」と「やりたいこと」の違い

「今月やること（must）」には、**月末までに終わらせなければいけないこと**を記入しましょう。日時は未定だけれど、自分の裁量で調整できる予定などが該当します。

（例）
- 免許の更新
- 料金の払い込み
- 不要品の整理　など

「今月やりたいこと（want）」には、その月にできたらいいなと思っていることを記入しま

各ページの空きスペースにあらかじめ記入欄をつくっておこう

	今月やること	☐ 免許の更新	今月やりたいこと	☐ 美術展に行ける
		☐ 料金の払い込み		☐ 友人の誕生日を祝う
せる		☐ 不要品の整理		☐ 花火大会に行ける

水	Thursday 木	Friday 金	Saturday 土	Sunday 日
	2	3	4	5
	9	10	11	12

各項目の頭にはチェックボックスを忘れずに記入し、実行後はレ点を記入。
達成感を得ることができて、継続への原動力となるはず。

しょう。季節を意識して、四季折々にあわせた内容にすると、より充実感を得られます。

（例）・（今月末まで行われている）美術展に行ける
・友人の誕生日を祝う
・花火大会に行ける　など

どちらも欲張りすぎはNG！

「やりたいこと」も「やること」も、1カ月間で達成できるのはそれぞれ3つ程度です。自分のキャパシティが把握できるまでは、確実にこなせる数に抑えてください。たくさん思いついたら、まずメモページに書き出し、優先順位を付けること。「今月じゃなくてもいいこと」は優先度を低めに設定しましょう。

POINT
wantを手帳に書き留め
1カ月の充実度をUP！

5日目 MONTHLY

逆引き

「人との約束事」と「自分との約束事」を書き分けよう

自分のことがいつも後まわしになってしまう

手帳に隠された、もうひとつの機能

「手帳をつける最大の目的は？」と問われれば「スケジュールを管理するため」と、誰もが答えるでしょう。でも、決まった予定を確認するだけなら、携帯やパソコンのスケジューラーでも良さそうです。それならなぜ、あえて手帳を使用するのでしょうか？

それは、手帳には自己実現のツールとしての効果があるから。人との約束事と同様に、自分との約束事も記入し、確実に実行するために手帳を活用しましょう。

自分との約束事は□をつけて書く

人との約束事は、集合時間や開始時間が決まっているので、予定時間を頭に付けて記入しましょう。仕事や友人との約束以外に、病院の予約時間などもこの書きかたにならいます。

（例）・13〜14時　会議
　　　・18時　美容院　など

一方、自分との約束事とは、とくに時間の決まりがなく自分ひとりでする行為を示します。

これについては、**頭にチェックボックスを付け**

28

時間またはチェックボックスで一目瞭然！

予定が入っていない日でも、自分との約束事は案外たくさんあるもの。
やりたかったことを書いて着実に実行していこう！

「〜をしたい」と、頭の中で考えているだけではいつまでたっても実行に結びつかず、自己評価がどんどん下がってしまいます。

予定として手帳に書き込めば、実行しようとする意識が働き、実現性が高まるはず。レ点マークが入ったチェックボックスを増やし、「忙しくてやりたいことができない」と、言い訳ばかりしていた自分とサヨナラしましょう！

て書き込みましょう。

（例）
- □ ゆっくり入浴
- □ テキストP50〜55（を読む）
- □ 古着の整理　など

> **POINT**
> 自分との約束事を守って自己肯定感をUP！

MONTHLY 6日目

日常・定例の予定も記入しよう

逆引き　手帳は真っ白なのに毎日が慌ただしい

月間の自分の持ち時間が視覚的・直感的に分かるようになります。手帳セラピーでは、これを「見える化」と呼んでいます。

書き込むスペースが足りなくなってしまったら、「自由に使える時間」は自分で考えているよりもずっと少ないということ。自分が感じている忙しさと、手帳に記録されたスケジュールを一致させれば、日々の生活にもっと充実感を得られるようになるでしょう。

ルーチンの予定もしっかり記入する

「毎日忙しく過ごしているはずなのに、気づけばマンスリーページは真っ白」「今日の自分が何もしていなかったかのように錯覚してしまう」。それは、手帳の記載内容と「忙しさ」が比例していないからかもしれません。

通勤や通学、毎日の子供の送り迎えなどは、「毎日同じだから書くまでもない」などと思いがちですが、これらも手帳にしっかり記入しておきましょう。

定例のスケジュールを書き込むことで、1カ

忙しい時期がひと目で分かる記入方法

仕事をしている人は、自分の出勤日と勤務時

日常・定例の予定はこのように記入しよう

December 12

今月のテーマ：年末も健康で、元気に過ごせる

今月やること
- □ 免許の更[新]
- □ 料金の払[い]
- □ 不要品の[処分]

Monday 月	Tuesday 火	Wednesday 水	Thursday 木	Friday 金
29	30	1 9:00 ～17:00 13:00～14:00 会議	2 → □ ゆっくり入浴	3
6 9:00 ～17:00 18:00 美容院	7	8 □ テキストP50～55	9 → □ 古着の整理	10
13 9:00 ～17:00	14 11:00 会議	15	16 →	17

出勤が月～金、勤務時間が 9:00 ～ 17:00 の場合は、月曜日のマス内に時間を記入して、金曜日まで矢印を引いて簡略表記しよう。

POINT　自分の日常を「見える化」しよう！

間を記入します。残業が多い場合などは、あらかじめ定時で記入をしておき、帰宅後に時間を訂正しましょう。これにより、「この時期は忙しい」「この時期は比較的余裕がある」など、自分のライフサイクルを確認することができます。

主婦の場合は、家事や育児など、毎日行う家での仕事を定例として記入しましょう。例えば、朝夕毎日子供の送り迎えがあるなら、月曜の欄の上部に「8時　保育園送り」、下方に「16時　お迎え」と書き、金曜まで矢印を引きます。午前中の予定はマスの上部に、午後の予定は下部に記入することで、時間に余裕があるのはどの時間帯なのか、ひと目で確認できるはずです。

7日目

MONTHLY

逆引き ➡ 仕事や趣味に時間をかけても充実感が味わえない

1週間をふりかえってみよう

今週はどんな1週間だった?

さて、あなたの1週間はどうでしたか? 充実した日々を実感できましたか? 実りある1週間を過ごすために必ずやっておきたいこと、それは **「ふりかえり」** です。「今月のテーマ」を意識して過ごすことができたか。「今週のやりたいこと」「今週のやること」「自分との約束事」は実行したか。もう一度手帳を見直して1週間をふりかえってみてください。

「ふりかえり」が未来へ前進させる!

週末に1週間のふりかえりを手帳に書き記すと、翌週の予定を立てる際のヒントが得られます。例えば、青色の割合が多く、毎日予定でびっしり……という1週間だった場合は、このように記入します。

・今週は残業が続いて疲れ気味。来週は睡眠時間を確保しよう。

自分がどのように過ごしてきたのかふりかえることで、来週どのように過ごせばよいのか、手帳が的確なアドバイスしてくれるのです。

今週のふりかえりは2～3行で簡潔に！

	Monday 月	Tuesday 火	Wednesday 水	Thursday 木	Frida
今週のふりかえり 友達から食事に誘わ れることが多く、 毎日楽しく過ごせた	29	30	1 9:00 ～17:00 13:00～14:00 会議 19:00 ○○ちゃんと食事	2	3
今週のふりかえり 部屋の片付け完了！ すっきり！	6 9:00 ～17:00 18:00 美容院	7 ☑クローゼット整理	8	9 ☐古着の整理	10
	13 9:00 ～17:00	14	15	16	17

今月のテーマ **年末も健康で、元気に過ごせる**

今月やること ☐免許の
☐料金の
☐不要品

マンスリーページの空きスペースに「今週のふりかえり」欄をつくって、2～3行で簡潔にコメントしてみよう。最初は箇条書きでもOK。

何を書けばよいのか分からない人へ

手帳を自分の「記録簿」として活用しよう

POINT

手帳に書かれている以上のことを記す必要はありません。出会った人、イベント、体調など手帳に記された自分の記録を追ってみましょう。あるいは、「前半は落ち込み気味だったけど、後半はハッピーに」など、気分の変化を記すのもよいでしょう。

簡潔にまとめることが苦手な人は、以下のように箇条書きで書くことからはじめてください。

（例）
・水曜日、職場でほめられた。嬉しかった。
・土曜日の予定がキャンセルになった。残念。次は私から誘おう。　など

まとめ

1週目のまとめと補足

1日目

色分けができない原因のひとつに「手近にあったペンでメモしてしまう」というケースがあります。後で手帳を見返した時に、すべて黒のボールペンで書かれていたり、シャープペンで書かれていたり、とバラバラなんてことも。予定のバランスをひと目で把握するために、手帳と一緒に5色ペンを持ち歩く習慣をつけましょう。

2日目

売り上げ目標など、具体的な数値がある場合を除き、「今月のテーマ」はできるだけ希望する「状態」を詳しく明記しましょう。手帳セラピーでは、特に「気持ち」を書き留めることを大切にしています。従って、「どんな気持ちで過ごしたいのか」「自分がどんな状態にあれば幸せなのか」を意識してテーマを決めると、1カ月間の充足感が変わってくるはずです。

3日目

目標や実現させたい事柄について、まずは「〜しなければならない」という強迫観念・プレッシャーから自分を解放してあげましょう。思いのほかすんなりと物事が進むことに気がつくはずです。

4日目

「やりたいこと」について書く時は、できるだけ「その月にしかできないこと」を意識してみましょう。

また、「やりたいこと」「やること」は肯定表現で書くと実現率がUPします。「美術館へ行く」という予定の場合、「美術館へ行ける」「美術館へ行った」と書き込むと良いでしょう。

5日目

自分との約束事は、他人との約束事以上に忘れやすいもの。「～をしておこう」と思いついてもついつい忘れてしまい、「～しておけばよかった」と後悔する結果になりがちです。これ以上自分を責めなくても済むように、しっかりと手帳に記入しておきましょう。

6日目

定例の予定を書く習慣をつけると、考えていたよりもずっと予定が多いことに気づくはず。

ここでは、「余裕がある時間にもっと予定を入れよう」と考えるのではなく、「自分はこんなにもいろいろな用件をこなしているんだ！」と、自己肯定感を得ることを目的としましょう。

7日目

手帳を上手に使いこなしている人は、必ずふりかえりを行っています。 予定を書き入れて満足するのではなく、予定を完了させる前と後に再度手帳を開いて確認する習慣を身につけましょう。

次のページでは、ふりかえりの時間＝手帳タイムの取りかたを解説します。

1週間目の手帳タイム用チェックリスト

- ☐ 5色の色分けはできていますか？
- ☐ 「今月のテーマ」は記入しましたか？
- ☐ 可能形、進行形、完了形で書けていますか？
- ☐ 「やりたいこと」「やること」を記入しましたか？
- ☐ 日常・定例の予定も記入しましたか？
- ☐ 「今週のふりかえり」は記入しましたか？

いろいろと面倒に思えても、やっていることはたった6つだけ。
しっかり実行できているかどうか、上記のチェックリストにレ点を入れて達成度を確認しよう。

手帳タイムの取りかた

手帳セラピーでは次のような計5回の手帳タイムを提案しています。

① 寝る前の手帳タイム（本書P106参照）
② 週末または週はじめの手帳タイム（本書P32参照）
③ 月末手帳タイム（本書P110参照）
④ 90日ごとの手帳タイム（『宇宙とつながる手帳の書き方』参照）
⑤ 年末・年度末の手帳タイム

予定を書くことで「実行したい！」という意識を高め、ふりかえりを書くことで「実行できている実感」を得る。このサイクルを続けると、「自分を理解できる」「マイナス思考がなくなる」「よいことが次々に起こり出す」などの効果が現れます。手帳セラピーをはじめる前と比べて、多くのもの（こと）を受け取っていると気づくはずです。

2週目

手帳でライフスタイルを「整理整頓」してみよう

脱・ただのスケジュール帳！
一歩進んだマンスリーページの使いかた

8 日目	期限のない予定も記入しよう	38
9 日目	予定が変更になったら「見え消し」で対策を考えよう	40
10 日目	予定は「2度書き」することで確実に実行！	42
11 日目	マンスリーページ 1日分のマス目の使いかた	44
12 日目	仕事のピークを「見える化」しよう	46
13 日目	「完全休息日」を設けよう	48
14 日目	手帳を整理整頓しよう	50
まとめ	2週目のまとめと補足	52

8日目 MONTHLY

期限のない予定も記入しよう

逆引き G　やることばかりで、本当にやりたいことができない

手帳に書いて後まわしを防止

漠然と「いつか空いている時にやろう」と考えている物事はありませんか？　大抵の場合、**「いつか」のままでは、いつまでたっても実現できません。**頭の中で思うだけではどんどん後まわしにしてしまい、結局期限ギリギリ……なんてことも。日程が決まっていない「未定の予定」は、「いつかやろう」と思い立った時点で、すぐに手帳に書き込むクセ付けをしましょう。そうすることで脳が実現可能な日程を選ぼうと働きはじめ、後まわしが自然と減っていきます。

手帳に組み込む際のポイントは、「大体この週には済ませたい」とあたりを付けて、1カ月分をまとめて記入すること。

記入の際、頭にはチェックボックスを付け、内容によって5色で書き分けましょう。期限が迫っている用件は赤で記入し、うっかり忘れを防止。日程が決まったら、順次落とし込みます。実行できたらチェックボックスにレ点を入れて、達成の満足感を味わってください。先延ばし体質からの脱却をはかりましょう！

日程が決まっていない予定は空きスペースに記入しよう

December
12
今月のテーマ **年末も健康で、元気に過ごせる**

今月やること ☐ ☐ ☐

今週のやれたらいいな ☐クリーニング取りに行く ☐○○さんに会う ☐振り込み	Monday 月	Tuesday 火	Wednesday 水	Thursday 木
	29	30	1 9:00 ～17:00 13:00～14:00 会議 19:00 ○○ちゃんと食事	2
	6 9:00 ～17:00 18:00 美容院	7 ☑クローゼット整理	8	9 ☐古着の整理
	13	14	15	16

サイドにメモ欄がある手帳なら、それぞれの週の真横に記入するとわかりやすい。
サイドに余白がない場合は、上下の空きスペースをうまく活用しよう。

「やりたいこと」も必ず記入を

私たちはつい「やること（must）」ばかりを手帳に書いてしまいがちですが、**「やりたいこと（want）」を記入することも大切です。** 会いたいと思っている友人に連絡を入れる、行きたいコンサートのチケットを購入する……。自分の心を喜ばせる予定は切迫感を伴わないので、「思っているだけ」ではズルズルと後まわしになってしまいます。

手帳に書き記しておけば、ベストなタイミングで「きっかけ」が訪れるはず。「今月のやること・やりたいこと」（本書P26参照）に書き込んだ内容とリンクさせてもよいでしょう。

> **POINT**
> 日取りが未定の用件こそ書いて後まわしを防止！

9日目

MONTHLY / WEEKLY / DAILY

予定が変更になったら「見え消し」で対策を考えよう

逆引き 予定がたびたび変更になってスケジュールが破綻してしまう

見え消しかたでトラブル防止

一度決まった予定が、なくなったり変更になったりすることはよくあるもの。そんな時は、修正液などで完全に消してしまうのではなく、**書き込んである文字の上に2本線を引いて「見え消し」をしましょう**。

例えば会議が延期になった時、修正液で消してしまうと、この日は何の予定があったのか分からなくなってしまいます。「見え消し」をしておくことで、思い違いや行き違いのトラブルを防ぐことができるでしょう。

「見え消し」を実践し、手帳を見直すことで、スケジューリング改善のヒントが見えてくることもあります。自分で入れた用事に軒並み2本線が引かれていたりするようなら、無理なスケジュールを立てている証拠です。

また、特定の人と会う約束ばかりが流れるようなら、あなたと相手、どちらも忙しい時間帯に予定を組みがちなのかもしれません。取り消しになった予定を確認し、原因を探ることで、対策を考えることができるようになるのです。

予定が変更になったら2本線で「見え消し」しよう

変更前の予定を確認できるようにしておけば、何度も予定の変更が起こった場合でも、経緯の把握ができるのでトラブルになりにくい。

消さないことで意欲が高まる

手帳セラピーでは、シャープペンや修正液などはあまり使用しません。簡単に消去できるツールで予定を管理すると、スケジュールが確定しにくくなるからです。**「どうせ予定は変更になるのだ」という諦めが生じると、実現しようという意思が弱まってしまうのです。**

ペンで書き込み、簡単に消さないことで「この日に実行しよう」という意識が高まります。変更になった予定も「見え消し」すれば「対策を考えて、次こそ実践しよう」という気持ちになり、次第に物事が思い通りに運ぶのを感じるようになるでしょう。

> **POINT**
> 1度手帳に書いたことは「見え消し」で対応

10日目 MONTHLY

予定は「2度書き」することで確実に実行！

逆引き ➡ 予定通りに行動したい！

メモページに書き出して手順を把握

せっかく手帳に予定を書いたのに、実践できなかった。誰しもそんな経験があることでしょう。例えば「部屋の片づけをする」と書いたのに、いざ当日になると、何から手を付けていいか分からない。結局先延ばしにしてしまい、いつまでたっても進まない……。

では、一体どうすれば、予定を無理なく実行できるのでしょうか？

先延ばしになっている予定を行動に移すには、「2度書き」が有効です。まずはメモページに、実行の手順を細かく書き出してみましょう。

先ほどの例にならって、部屋の大掃除をしたいと考えている場合。手帳に「部屋の片づけをする」とだけ書いても、なかなか実行には移せません。そこで、もう少し細かいステップをメモページに書き出してみます。

① 掃除用品（洗剤、ゴミ袋など）を購入
② 机の上の整理
③ クローゼットの整理
④ 不要品をリサイクルショップへ持って行く
⑤ 床にワックスをかける

予定を細分化して書き出してみよう

```
"部屋の片づけをする"
① 掃除用品（洗剤、ゴミ袋）購入
② 机の上の整頓（2h）
③ クローゼットの整理（1h）
④ 不要品をリサイクルショップへ
⑤        ・
         ・
         ・
```

手帳に書き込む前段階。手帳のメモページや、ミニノートなどに思いつく限りの手順を書き出してみよう。それぞれにかかる時間も書いておくと、めどが立ちやすい。

このように具体的な行動を書き出すだけで、がぜん実行できる気がしてきませんか？ あわせて所要時間も記入しておきましょう。

手順が分かれば実践は簡単

作業手順を把握できたら、次は手帳への組み込みです。掃除を終わらせたい日から逆算し、マンスリーページへ①〜⑤の手順を振り分けてください。ひとつひとつのステップに具体的な行動が示されているので、無理なく実行できるはず。負担の大きな予定は、細かい手順をメモページに書き出してから手帳に組み込む。そんな2度書きの習慣をつけることで、計画がスムーズに運ぶようになるのです。

> **POINT**
> 先延ばしがちな予定は、手順を細分化して振り分ける

11日目

MONTHLY

マンスリーページ 1日分のマス目の使いかた

逆引き

手帳を見ても、スケジュールをきちんと把握できない

1日の時系列にそって記入しよう

あなたは1日分のマスをどのように記入していますか？ 決まった順に上から予定を書き込んではいませんか？

マスの大きさは限られているので、記入に法則性を持たせて整頓し、**ひと目で1日の予定が分かるような手帳の書きかたを心がけましょう。**

ポイントは「時系列にそった記入」です。例えば、1番上に「19時 ジム」と書いてあるのに、その下に「10時 ミーティング」と入っていたらどうでしょう？ 1日の流れがひと目で把握できず、頭の中も上手に整理できません。

そこで、1マスを上から3分割し、時間帯によって予定を書き分けるようにしましょう。上段は午前の予定、中段は午後の予定、下段には定例や継続的な予定と記入の位置を決めておくのです。

他人の予定もスケジュールに組み込む

他人の予定とは、その名の通り自分以外の人のスケジュールを指します。主婦なら夫の出張や、子供の給食費支払いの締め切り日など。仕事をしている人なら、上司の不在日や取引先の

44

1マスを3分割して予定を書き込む

December
12
今月のテーマ **年末も健康で、元気に過ごせる**

今月やること □ □ □

	Monday 月	Tuesday 火	Wednesday 水	Thursday 木
今週のやれたらいいな □クリーニング取りに行く □○○さんに会う □振り込み	29	30	1 ○○ちゃん給食費 9:00 〜17:00 13:00〜14:00 会議 ~~18:00 ○○さんと食事~~	2 18:00 ○○さんと食事
	6 9:00 〜17:00 18:00 美容院	7 ○○さん終日出張 ~~15:00~~ ○○社 17:00 打ち合わせ □クローゼット整理	8	9 □古着の整理
	13	14	15	16

マスの中には上から「他人の予定」「午前の予定」「午後の予定」「定例の予定」の順番で記入。ひと目でその日の流れが頭に浮かぶようにしておこう。

POINT
ひと目で自他の予定が分かる書きかたを実践しよう

休業期間、発注商品の納品日などが他人の予定にあたります。

予定は自分ひとりで決められるものばかりではありません。常に他人の都合によって流動する可能性があります。身近な人のスケジュールもある程度把握しておくことで「この日は部長がいないから、前日までに書類確認を頼む」「夫の出張中に実家へ顔を出そうかな」などと、自分の予定を組み立てやすくなります。週に1度は、他人の予定に変更がないかチェックする時間を設けるとよいでしょう。

他人の予定はマスの上部、日付の横並びに記入します。複数名の予定を組み込みたい場合、色を変えると把握しやすくなります。

12日目 MONTHLY

仕事のピークを「見える化」しよう

逆引き 🔄 毎月仕事の大波に飲まれてしまう

「忙しい日」を把握しておく

予定を入れた日に限って仕事が終わらず、泣く泣くキャンセルに……という経験はありませんか？ それは、未来の予定を予測できていないことが原因です。

仕事のピーク日になりそうな日のめどが立ったら、その日のマスを青色でぐるりと囲んでおきましょう。ひと月の中の仕事のピーク日が一目瞭然となれば、自分のエネルギーの使いかたが見えてきます。「青色で囲んだ日は忙しくなるから、プライベートの予定はずらした方が良さそう」など、前後のスケジュールを調整することができるようになるのです。

急に立て込んでしまった日は、その日の終わりにマス目をひとまわり小さく囲んでおきましょう。 さらに、1カ月が終わった段階で、ふりかえることも重要。「この日はすごくバタバタしていた」という過ぎた日についてもきちんと囲んでおくことが大切です。過ぎたことはつい忘れがち。手帳にデータを残し、翌月以降の予測材料として使いましょう。追加で囲む欄が多かった場合は、「読みが甘かった」「他人の予定に振り回されやすい」「想定外の仕事に追わ

「忙しくなりそうな日」を青色で囲もう

マス目の中がすでにいっぱいになっている、大きな締め切りが控えているなど、あらかじめ予想できる「仕事のピーク」を青色のペンやマーカーで囲んでおこう。

ピークが訪れる法則性をつかむ

れている」などの理由が考えられます。

このようにマーキングし続けていると、次第に**仕事のピーク日が予測できるようになります**。月に何度あるのか、どんなリズムでやってくるのか予測できればしめたもの。それ以外の予定をどこに入れておけばよいのか予測が可能なので、無理のないスケジュールを組むことができます。青色の囲み＝仕事のピークは1カ月間に2回程度が理想的。他の日にずらしても支障がない予定は、ピーク日以外の日に片づけておきましょう。余裕を持ったスケジューリングを行うことが、すなわち効率化につながります。

> **POINT**
> 多忙日を把握し、来月の予定を立てるヒントに

13日目

MONTHLY

逆引き

休日は定期的にあるのに、疲れがとれない

「完全休息日」を設けよう

週に1日は「何もしない日」をつくる

仕事のピーク日があるなら、体や心をたっぷり休ませる日も必要です。手帳セラピーでは「完全休息日」を設けることをおすすめしています。「完全休息日」とは、文字通り「すべてをお休みする日・休息日」のこと。マンスリーページのマス目に何も記入されていない日を、緑色のペンで囲みましょう。

緑色の囲みの頻度は、週1日が理想的。仕事が忙しい人や、スケジュールがびっしり埋まりがちな人は、まずは最低1カ月に1日を目安に予定を調整してみてください。

「完全休息日」の過ごしかた

「完全休息日」とは、どのように過ごせばよい日なのでしょうか。大抵の人は、「仕事がない日」＝「お休みの日」ととらえがちです。友達に会う、ショッピングをするなど、娯楽の予定を入れることが多いのではないでしょうか。

しかし、それでは体や心は休まっていないのです。**娯楽＝休息ではありません。**ここで示す「休息」とは、仕事や人との接触でフル活動している体と脳を休めることを意味します。精神的な

48

「完全休息日」はワクワクを意味する緑色で囲もう

	Monday 月	Tuesday 火	Wednesday 水	Thursday 木	Friday 金	Saturday 土	Sunday 日
	29	30	1 9:00 〜17:00 13:00〜14:00 会議 ~~18:00 ○○さんと食事~~	2	3 18:00 ○○さんと食事	4	5
	6 9:00 〜17:00 18:00 美容院	7 ~~11:00~~ ○○社 17:00 打ち合わせ ☑ クローゼット整理	8	9 13:00 ミーティング ☐ 書類提出 ☐ 古着の整理	10	11	12
	13 9:00 〜17:00	14	15	16	17	18 15:00 映画鑑賞 ☐ 部屋掃除	19 ダラダラする
	20 9:00 〜17:00	21	22	23	24 11:00 ミーティング ☐ 書類提出	25	26 18:00 ○○さんとご飯

今月のテーマ：年末も健康で、元気に過ごせる

今月やること：
☐ 免許の更新
☐ 料金の払い込み
☐ 不要品の整理

今月やりたいこと：
☐ 美術展に行ける
☐ 友人の誕生日を祝う
☐ 花火大会に行ける

マス目が空白の日は「完全休息日」の候補。予定を入れたくてうずうずしてしまう人は、あらかじめマス目に「どうやって休むか」を記入しておこう。

POINT

仕事も娯楽も何もしないお休みの日をつくろう

余裕を保つためにも、緑で囲む日を大事にしてください。「疲れたから休む」のではなく「休んでから活動する」生活へとシフトしましょう。

つい予定を入れてしまいがちな人は、緑色で囲んだマス目いっぱいに「ダラダラする」「ゆっくりする」と書いておきましょう。普段はダラダラして休日が終わると損をしたような気分になるのに、予定として手帳に組み込むことで、気持ちが楽になります。また、**「何をしたら休まるのか」ではなく、「何をしなければ休まるのか」を考えてみると、簡単に休息日をつくることができます。**「電車に乗らない」、「パソコンの電源を入れない」など日常的な行為で、実行しなくてもそれほど支障がない行動を探してみてください。

14日目 手帳を整理整頓しよう

逆引き いつの間にか手帳がパンパンになってしまう

OTHER

期日が1週間以内のものだけをはさむ

よく、手帳が「紙類のものをはさむファイル」になってしまっている人がいます。ダイレクトメールや振り込み用紙、名刺などをどんどんさみ込み、はち切れんばかりになっている……。手帳が分厚い人ほど、肝心な予定を手帳に書かずにはさんで済ませる傾向があり、行動につながらないことが多いようです。

整理整頓のポイントは2つ。

① はさみ込む前に、期日を記入する。

マンスリーページに内容と期日を記入する。

② 手帳にはさむのは、期日が1週間以内のものだけにする。

催し物の案内状やセールのお知らせなどのダイレクトメールが届いたら、まず開催月のマンスリーページを確認して、「行く」「行かない」を判断します。行くことを決めたら「未定の予定」(本書P38参照) として記入しましょう。知人からの葉書や手紙は、「いつまでに返信するか」を決め、「○○さんに手紙を返信する」と書いておきます。公共料金などは、いつまでに振り込まなければならないのか、期日を書き留めておきましょう。

重量感のある手帳はNG！　見た目もすっきり整理しよう

色々な紙類がはみ出してパンパン。カバンの中でもスペースを取ってしまいそう。

NG

OK

必要最低限のものしかはさみ込んでいない、理想的な手帳。持ち運びもしやすい。

スケジュールと一緒に手帳も整理整頓を

手帳へ記入したら、期日が1週間以内のものだけを手帳にはさみ、それ以外のものは、ファイルや封筒などに入れておきます。

1週間のふりかえり（本書P32参照）をする時に、手帳にはさんでいるものの整理整頓を行います。完了したものは手帳から抜き、来週に控えた予定のものを新たにはさみ込む。この作業を習慣化することで、常にすっきりと整理された手帳に保つことができます。また、手帳が軽量化するばかりではなく、この作業を行うことで期日の確認ができるため、「行き忘れ」「支払い忘れ」なども回避できるようになります。

> **POINT**
> 手帳には「その週に必要なもの」だけをはさもう

まとめ

2週目のまとめと補足

8日目・9日目

「未定の予定」のバリエーションのひとつである「仮の予定」の書きかたを補足しておきます。

「確定していないから手帳には書かない」ではなく、予定のバッティングを防ぐためにも、しっかりと手帳に記入をしておきましょう。**マンスリーページのマスに、仮確定の予定を記入し、最後に？マークを付けておきます。**月のはじめ、もしくは週のはじめに？マークの有無を確認し、相手に連絡を取るなどして、早めに確定できるように自ら動きましょう。相手の都合に振り回されるのではなく、自分自身で予定をコントロールしている、という意識を持つことが大切です。

仮確定した日から変更になった場合は、「見え消し」をして、変更日を明記しましょう。

10日目

タスクリストを作成し、それに従って行動をしていたのに、なぜか消化できない用件がある。そんな時にも、細分化⇨2度書きを試してみるとよいでしょう。

11日目

限られたマスの中に予定を書ききれないという人は、手帳のサイズを検討してみた方がよい

前中あるいは午後だけを完全休息日として、1マパシティとのバランスを考えて（本書P118参照）。かもしれません。ただし、あくまでも自分のキャ

12日目 13日目

何をすれば「休息」できるのか分からない、あるいは「休息」することに罪悪感を抱いてしまう、という人は、**無理に休息を取ろうとはせず、少しずつ休息できる精神状態に持っていくことを心がけてください。**

ストレスを解消するためには、ストレスが溜まる過程と逆の手順を行わなければいけません。つまり、さまざまなことが積もり積もってストレスとなっているのであれば、そのストレスの山を切り崩していかなくてはなりません。少しずつ「休むためのウォーミングアップ」を行う必要があるのです。

もし丸1日休むことに抵抗を感じるのなら、午前中あるいは午後だけを完全休息日として、1マスの半分を緑色で囲ってみてください。完全休息日が自分にもたらす効果がわかる頃には、丸1日完全休息を取ることに対して、罪悪感を抱かなくなっているでしょう。

14日目

本書のもうひとつのテーマは、**「手帳を使って自分を整理整頓する」**こと。

これには、手帳の中に書いてある予定（内容）や、自身の気持ちを整理するという意味のほかに、手帳の中身を片づけることも含まれています。見た目がすっきり美しい手帳と、いろいろなものがはさまってパンパンな手帳、あなたはどちらを持ち歩きたいですか？　どこへでも持ち歩いて、いつでも開いて確認できるように整理整頓を心がけましょう。

COLUMN
付箋使いには転記のルールを！

　さまざまな手帳術や仕事術において、付箋は必須グッズとして紹介されています。確かに、付箋に予定やTo Doを記入すれば、手帳の上で自由に動かすことができて大変便利です。でも実はこの「気軽にはがしたり移動したりできる」ことがくせ者なのです。

　手帳セラピーでは付箋を使わないか、付箋の内容を転記することを必須条件として、付箋を活用します。

（NG例1）To Doを付箋に書いて手帳やデスクまわりに貼る

　1件終わるごとにすぐ捨てられるので、仕事の残量は分かりやすいでしょう。しかし、仕事を終えた記憶も頭から捨ててしまうことになります。手帳に痕跡が残らないので成し遂げたことを忘れてしまい、自分の経験値にプラスされなくなってしまいます。

（NG例2）日時が決まっていない予定を、とりあえず付箋に書いて手帳に貼る

　付箋自体を動かせるので、ついつい先延ばししてしまいがち。日が経つごとにシールの粘着力が弱まり、いつかはがれ落ちて忘れてしまうことでしょう。

（NG例3）住所、電話番号など、覚え書きを付箋に書いて貼る

　1度しか使わないようなメモを付箋に記入することも多いでしょう。しかし、「もう一度住所を確認したい」「もう1度電話したい」と思った時、付箋をはがして捨ててしまっている場合、再度調べなおさなくてはなりません。

　以上の理由から、他人に渡すメモや伝言など、一時的に必要で処理が終われば破棄しても構わない用件のみに付箋を使用しましょう。あるいは、書いたことを手帳にも転記したうえで、付箋を活用するとよいでしょう。

　手帳セラピーにおいて、付箋はあくまでも「一時的な処理用グッズ」です。手帳に直接書き込むことで、実行につなげる意識をしっかり固定しましょう！

3週目

「2度書き」手帳で、もっと毎日を充実させよう

マンスリーページとウィークリーページの使いこなし術

15日目	手帳の「2度書き」で毎日をコントロールしよう …………56
16日目	今週「やりたいこと」と「やること」を振り分けよう ………58
17日目	1日の物語(ストーリー)を作成しよう …………60
18日目	締め切りの前に「MY締め切り」を設けよう ………62
19日目	「豊かさのギフト」と「ハッピーギフト」を探そう …………64
20日目	「□一日一緑」を設定しよう …………68
21日目	1日8回手帳を見よう …………72
まとめ	3週目のまとめと補足 …………74

15日目 手帳の「2度書き」で毎日をコントロールしよう

逆引き　WEEKLY

時間に追われて生活している気がする

のステップを踏むことで、「点」でしかなかった予定を翌週の「流れ」としてとらえ直すことができるのです。すると1週間の見通しが立ったという安心感が得られ、自発的に1週間をコントロールしているという、プラスのイメージが生まれます。

予定を転記する際には、時間や場所なども詳細に書き加えること。外出の予定がある場合は、出発時間を見積もったり、必要な持ち物や「友人に会うから本を返さなくては」といった注意事項も、思い出したらすかさず追記しましょう。

マンスリーからウイークリーへ2度書き

一般的な手帳にはマンスリーとウィークリーのページがありますが、どちらか一方、特にマンスリーページだけを使っている人も多いのではないでしょうか。

手帳セラピーではマンスリーとウィークリーのページを両方使用します。マンスリーページは1日あたりのスペースが小さいため「点」の予定しか書き込めませんが、ウィークリーページを使えば、時間にそった細かいスケジュールを書き込めます。1日の流れを把握するのにも役立つでしょう。さらに、転記という「2度書き」

ウィークリーページで1日の流れを把握しよう

バーチカルタイプ

レフトタイプ

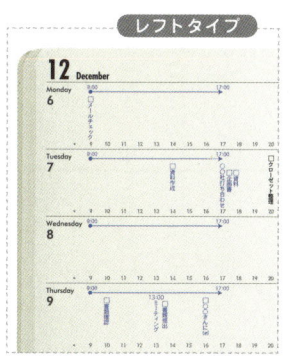

バーチカルタイプ（左図）の場合は上から下に時間が流れ、レフトタイプ（右図）の場合は左から右に時間が流れる。レフトタイプに予定を記入する際は縦書きで書こう。

手帳タイムは週はじめの15分！

マンスリーからウィークリーへ転記する、「2度書き」を行うタイミングは、1週間のはじまりである日曜日の夜か月曜日の朝がよいでしょう。15分程度の「手帳タイム」をつくり、転記作業を行います。マンスリーページを見て1週間の流れを確認し、ウィークリーページでは1日の流れを追って記入していきます。

こうして予定の管理を手帳に任せることで、頭の中に細々とした情報を入れておく必要がなくなり、脳をクリエイティブな状態に保つことができます。たった15分の「手帳タイム」で、頭がスッキリするのを実感してみてください。

> **POINT**
> 「2度書き」と「手帳タイム」で頭の中を整理整頓！

WEEKLY

16日目

今週「やりたいこと」と「やること」を振り分けよう

逆引き⑥ いつも「やりたいこと」が後まわしになってしまう

振り分けをすれば満足度がUP！

予定には、「やらなくてはならないこと」と「自分がやりたいこと」の2種類があります。この2つが整理できていないと、「やること」ばかりを優先させがちで、日々の充実感が得にくくなってしまいます。8日目（本書P38参照）にマンスリーへ記入した予定を見直し、それぞれをウィークリーに書き出しましょう。

ウィークリーページの余白を使い、「今週やること」と「今週やりたいこと」をそれぞれ書き出します。記入済みのスケジュールを横目で眺めつつ、頭の中にある用事を棚卸ししましょう。

これらの予定を実行していくことで、「やるべきことをやった」充実感と、「やりたいことをやった」という幸福感を得ることができます。

細分化して1日の予定に組み込む

1日のスケジュールに組み込む際に、「何時に開始して、何時に終わる用件なのか」が必要となるため、**用件をこなすのにかかる時間を頭に浮かべながら記入することが大切です。**例えば「振り込みをする」なら、銀行に行くまでの移動時間と手続きをする時間を考慮して、何曜日な

「今週やること」「今週やらないこと」の項目をつくろう

バーチカルタイプ

レフトタイプ

「今月のテーマ」（本書P22参照）と同様に、目につきやすい場所へ記入することがポイント。チェックボックスを頭に付けるのも忘れずに。

POINT
「やること」と「やりたいこと」も2度書きで後まわしを回避！

ら実行できそうか、スケジュールと照らし合わせながら予定を立てましょう。予定の締め切り日がある場合は、あわせて記入しておきましょう。期日まで日数がない場合は赤色で書くようにします。

「今週やること」「今週やりたいこと」はいくつ書いてもOKですが、欲張りすぎるとキャパオーバーになってしまうので要注意。**その週でなくてもよい予定は、先へ繰り越すことも大切です。**

ただし、「ふと顔が思い浮かんだ人へ連絡を入れる」などの**直感的な用件は、迷わず記入して実行してください。**ひらめきはよい縁につながる可能性が高いのですから！

WEEKLY

逆引き
予定通りに物事が進まない原因を知りたい

17日目
1日の物語を作成しよう
ストーリー

実践できないのは見積もりが甘いから?

張り切っていろいろなスケジュールを入れたのに、ちっとも予定通りにいかない……という声をよく聞きます。そんな人は、所要時間を少なく見積もって予定を立てていないでしょうか。

例えば、空いている1時間で溜まっているメールの返信をしたかったのに、結局すべて終えられなかったというケース。1件あたり何分でメールが書けるのか、適正な所要時間を想定できていない可能性があります。1件返すのに約15分かかるとすれば、1時間だと何件処理できるのか考えてみてください。「かかる時間」を考えずに漠然とした見通しで予定を入れると、結局は実行できずじまいに。実際にウィークリー欄を記入する際は、自分自身の作業能率や、前後の移動時間、準備にかかる時間もしっかり加味することがポイントとなります。

逆算してゆとりあるスケジュールを組む

例えば、「12時 新宿で待ち合わせ」と記入したなら、移動にかかる時間を調べて「11時 出発（11時10分の電車）」と記入。さらに準備に必要な時間を逆算して「9時 起床」と書き入れます。

60

その日の予定を細分化して、作業効率を「見える化」しよう

バーチカルタイプ

レフトタイプ

「1日で仕事が終わらなかった……」という人は、その日の夜に自分がこなした作業と所要時間を書き出してみよう。作業効率が見えてくるはず。

POINT
能率や準備の時間も考慮し時系列で詳しく書こう

ギリギリの時間を書くのではなく、ゆとりある所要時間を書いておけば、遅刻しなくて済むはずです。他にも、例えば「15時 会議」という予定が決まっていたら、会議までに必要な作業をメモページに細かく書き出し、所要時間を考えましょう。そのうえで、「11時 資料作成」「12時 ランチ」「13時 資料見直し」「14時 コピー10部」と、予定を記入していけばいいのです。

ウィークリーページを利用する際のポイントは、**時間の経過にそって物語をつくるようにスケジュールを埋めていくこと。**1日の流れがみるみる「見える化」されて「ひとつひとつ予定をクリアすれば大丈夫」という、余裕が生まれてきます。

18日目 OTHER

締め切りの前に「MY締め切り」を設けよう

逆引きG　いつも締め切りに間に合わない！

自分だけの締め切り日をつくる

いつも「締め切りギリギリ」という人の手帳は、締め切り日しか書いていないケースが多いようです。期日直前に慌てて準備することになり、納得いかない結果に終わってしまうことの繰り返し。そんな自分を脱却したい人は、実際の締め切り日以前に「MY締め切り」を設けましょう。

まず、締め切り日までにすべきことと、それぞれの所要時間をメモページに書き出します。10日目（本書P42参照）で行った「予定の細分化」と同じ手順です。

例えば「企画書提出」の予定を細分化すると、

① マーケットリサーチをする
② 資料を集める
③ 従来までの案を見直す
④ 上司チェック

という手順が考えられます。それぞれの所要時間や、④のように他人の予定も考慮したのち、改めて提出日までのスケジュールを組み立ててみてください。そのうえで「MY締め切り日」を記入し、締め切り日までにすべての作業が終わるよう予定を書き入れていきましょう。

締め切りがある用件は、細分化してメモページに書き出そう

- 企画書を作成する
  ① マーケットリサーチをする
  ② 資料を集める
  ③ 従来までの案を見直す
  ④ 上司チェック
    ・
    ・
    ・

メモページに書き出してみると、ひとつの用件でも、いくつも作業工程があることに気づく。各作業時間の見積もりと、各作業の締め切りを記入してみよう。

締め切りを守れば、自信が生まれる

作業を細分化して「見える化」すると、脳が活発に活動しはじめ、新しいアイデアも次々に湧いてきます。期日までに余裕を持って完了させることができるはずです。

旅行前に徹夜で荷造りをするはめになり、当日寝坊してしまった。引っ越しの日までに準備が終わらなかった。貯金が底をつくまでに就職先を見つけられなかった……。あなたの守れなかった「締め切り」は何でしょうか？「MY締め切り」の設定と「作業の細分化」をすれば、締め切りを守れるようになります。失敗を繰り返さず、自分に自信が持てるようになるのです。

> **POINT**
> 細かい工程を確認して余裕あるスケジューリングを！

19日目 WEEKLY

「豊かさのギフト」と「ハッピーギフト」を探そう

逆引きG　「ツイてないなぁ」と思うことが多い

手帳セラピーでは、毎日ウィークリーページに「豊かさのギフト」と「ハッピーギフト」の記入を行います。これらはすべて、ワクワクを意味する緑色のペンで記入しましょう。

頂きものや得したことを記録する

○ 豊かさのギフト

これは、「友人からお土産をもらった」「上司がランチをごちそうしてくれた」など、目に見える物質的な幸せ、「得したこと」を指します。

（例）○ 割引券をもらった
　　　● ●●さんにお菓子を分けてもらった

「小さな幸せ」探しの習慣をつける

「私は運に恵まれていない」「何かいいことないかな」……そんな思いにとらわれている人は、日々の小さな幸せに目を向けてみましょう。「ツイてない」という思い込みを消去することが、幸せになるための第一歩です。日々もたらされている幸運に気づく体勢を整えるだけで、どんどん幸せが舞い込んでくるようになるでしょう。

では、具体的にどのようにして「小さな幸せ」を探せばよいのでしょうか？

○ 机の下から100円玉を発見 など

このように意識して書き出してみると、思っている以上に「もらうものが多い」＝「得をしている」ことに気がつきます。

また、この項目は「備忘録」としても活用できます。お返しとして渡した物質的・金銭的な豊かさはマル印の中を塗りつぶした●で記入しましょう。

（例）
● ○○さんに誕生日プレゼントをあげた
● 飲み会で2000円多く出した など

高価な贈り物でなくても、人に「豊かさ」を与え、それを記録しておくことで、自分と周囲にハッピーの好循環が生まれるようになります。

嬉しい、楽しいと感じたことを記録する

♡ **ハッピーギフト**

「豊かさのギフト」が物質的・金銭的なものであるのに対して、こちらは予期せず起きた嬉しい・楽しい出来事、すなわち「精神的な幸せ」を指します。

（例）
♡ 後輩が書類整理を手伝ってくれた
♡ 電車から富士山が見えた
♡ 息子が洗い物をしてくれた など

このような偶然に起こった小さな幸せはとりわけすぐに忘れてしまうので、「嬉しい」「楽しい」と感じた瞬間にサッとメモするようにしましょう。「ハッピーギフト」の実例が増えると、「自分はどんなことに幸せを感じるのか」が分かるようになります。日々の生活の中にたくさん幸運が隠れていると気づくことができれば、どんどん幸福体質に近づくはずです。

また、「豊かさのギフト」と同様に、自分が周囲に渡した精神的な豊かさも記録しましょう。これは中を塗りつぶした♥で記入します。

（例）
♥ 電車内で席を譲った
♥ ○○さんが私の言葉で元気になって

POINT
いいこと探しを習慣化してプラス思考に！
予想以上に恵まれていることに気づこう

「豊かさのギフト」と異なり、お金をかけることなく、周囲と自分にハッピーを循環させることができるのが「ハッピーギフト」の良いところ。自分から幸せを与えるのは難しい？ そんなことはありません。まずは、自分が受け取った「ハッピーギフト」を参考に、人からされて嬉しかったことをお返ししてみてください。あなたをよく褒めてくれる人は、褒められることに喜びを感じる可能性が高いです。「♡Aさんに服装を褒められた」なら、折をみて「♥Aさんの服装を褒めた」というお返しをしてみましょう。きっと喜んでくれるはずです。

「くれた」など

マイレージの記録で幸せ体質に！

手帳セラピーでは、「豊かさのギフト」と「ハッピーギフト」を総称して「ハッピーマイレージ」と呼んでいます。**「ハッピーマイレージ」を記入しはじめると、脳が「いいこと探し」モードに切り替わるのです。**今まで自分がツイていない、恵まれていないと感じていた人も、思っていたよりもはるかに「いいこと」に囲まれていることに気づくことができるはず。1日ひとつ「ハッピーマイレージ」を見つければ、1年で365個のハッピーを受け取ることになります。こまめにマイレージを記録して、ハッピーを受け取る体質をつくっていきましょう。

「小さな幸せ」を毎日書き留める習慣をつけよう

バーチカルタイプ

人からもらったものは♡、○で記入。人に与えた場合は、中を塗りつぶして♥、●で記入する。
同じ毎日の繰り返しのように思えても、意識を向ければ小さな幸せはたくさん見つかるはず。

WEEKLY 逆引きG

20日目 「□一日一縁」を設定しよう

単調な毎日の繰り返しで、憂鬱な気分になりがち

ひとりでできる「ワクワク」を探そう

あなたの心が「ワクワク」するのはどんな時ですか？ 友人と遊んでいる時？ 高価なブランド品を手に入れた時？

果たして「ワクワク」とは、恋人や友人と一緒にいなければ得られないことでしょうか？ たくさんお金をかけてすることだけが本当に「ワクワク」することなのでしょうか？

自分の外側にばかりストレス解消や喜びを求めていては、内側から湧き起こる幸福感に気づくことができません。幸せや喜びは外から与えられるものばかりではなく、自分自身で創り出すものでもあるのです。

「□一日一縁」をはじめよう

「□一日一縁」とは自分がワクワクする行動のことで、次のような条件に限定されます。

- **安価もしくはタダでできること**
- **その日のうちに自分ひとりで手軽にできること**
- **自分自身がワクワクすること**

例えば、

☐ ゆっくり入浴する

68

- □ お気に入りの写真集をながめる
- □ （発泡酒ではなく）ビールを飲む
- □ ウィンドウショッピングする

など

充足感や幸福感を得るためには、必ずしも多額のお金や他人、長い時間は必要ではないということを、この「□一日一緑」で実感しましょう。記入はウィークリーページに行います。1日1カ所、緑色で書き込んでください。手帳タイムの時に1週間分先取りして書くのが理想です。実行できたら、他の予定と同様にチェックボックスにレ点を入れて、満足感を味わいましょう。

「□一日一緑」が思いつかない時は

自分が何にワクワクするのか分からない人、どんなことを「□一日一緑」として予定に組み込めばよいのか分からない人は、「後書き」からはじめてみましょう。

1日をふりかえって、「これをやって楽しかった」という自分の行動を見つけてみてください。そして、その出来事があった時間軸に、後ろチェックボックスで記入をします。

「一日一緑□」を行うことで、だんだん自分の「ワクワク」が分かるようになってきます。しばらく続けていると、その日の予定にあわせた「ワクワク」も上手に探せるようになるでしょう。

小さな幸せでモチベーションをUP

また、気が進まない予定の後ろには「□一日一緑」の予定を入れておきます。例えば、「報告書を提出したら、この日はベルギービールを買って帰ろう」など自分だけの「ワクワク」を用意しましょう。ゴール地点にささやかな自分だけの楽しみが待っていると思えば、クリアする気力も湧いてくるはずです。

ただし、「次の休日に予定している旅行を楽し

> **POINT**
>
> 小さなワクワク＝自分との約束事を毎日設けて
> 自信と喜びを積み上げよう

み に、仕事を乗りきろう」など、大きなイベントと「□一日一緑」は分けて考えるようにしましょう。イベントも確かに終わった後の脱力感、リバウンドも大きいはず。手帳セラピーでは、**「小さな幸せ」を日々絶やさずに、心が満たされた状態を継続させることが大切**と考えています。

自分との約束を守って自己肯定感を得る

自分の心がワクワクして満たされる行動＝「□一日一緑」を、「小さな自分との約束事」として予定に組み込むようにしましょう。自分との約束を毎日実行できれば、1年間で365個もの約束が守れることになります。ささやかな約束の遂行が積み重なって得られた自信は、大きな目標を叶えるための基盤となることでしょう。

また、例えば会社帰りについついウィンドウショッピングをしてしまうという人の場合。物事は惰性で繰り返すと「またやってしまった」と後ろ向きな気分になりがち。そんな場合は「水曜日の□一日一緑は、駅ビルでウィンドウショッピング」と決めて予定化してみましょう。すると、他の曜日は早々に帰宅して有意義な時間を過ごし、水曜日はワクワク気分で駅ビルに行くことができるようになります。

このように「□一日一緑」を設けることによって、自分の行動ひとつで意識がプラスの方向に転換するのを実感できるはずです。

自分が「ワクワクすること」について考えてみよう

バーチカルタイプ

レフトタイプ

ウィークリーページでスケジュールを確認して、空いている「スキマ」へ意識的に「一緑」を設定してみよう。手軽&確実にできることが好ましい。

21日目

1日8回手帳を見よう

逆引き：手帳を書き忘れたり、見るのを忘れたりしてしまう

OTHER

手帳を見るタイミングを習慣化する

どんな手帳を使っても、どんな手帳術を学んでも、手帳は見直さなければ意味がありません。1回5分程度でよいので、「手帳を見る」という行動を習慣化させましょう。

1日の中で手帳を見るポイントは以下の8つ。

① 起床～外出までの間

起床して活動をはじめる前に、まず手帳を開きましょう。大まかな仕事の内容や行動予定などを見ると、その日の自分のイメージが浮かぶはず。1日の行動予定にあったファッションを

選び、手帳に書き込んだメモで持ち物の有無を確認します。

② 通勤時

手帳を見ながら頭の中でその日の具体的な行動をシミュレーション。手帳というガイドを見ながら、行動の手順を整理、確認します。これからスタートする1日が楽しみになるようなことを考えましょう。

③ 仕事の始業前

期限や他人の予定を考慮して仕事の優先順位をつけ、まず着手することを決めます。やるべきことと、その順番を確認しておくことで、突

発的な仕事や横入りの雑事にも対応できるようになります。

④ ランチタイム

「□一日一緑」について考えたり、午後の予定を確認したりしましょう。

⑤ 仕事中

ウィークリーページに記入した「自分との約束」で達成できた項目にレ点を記入し、達成感を得てはずみをつけてください。

⑥ 終業後

仕事のふりかえりを行い、やり残しは翌日以降に矢印で繰り越しをしましょう（本書P94参照）。また、その後に予定を入れている場合は、帰宅までの流れもイメージしてください。

⑦ 就寝前

1日をふりかえって、「豊かさのギフト」と「ハッピーギフト」（本書P64参照）、「プチ内観」（本書P86参照）を記入しましょう。「プチ内観」タイムは、「今日もいい1日だった」という想いで締めるのがコツ。記入したら翌日のスケジュール欄も目で追い、着る服や持ち物をイメージしましょう。

⑧ エブリタイム

常に手帳を開き、思い通りの1日が過ごせていることを確認しましょう。可能ならば職場やダイニングの机の上に、手帳を常に開いておくのがベスト。次々と予定をクリアしている感覚を意識して、「今」この時を楽しんでください。

POINT

書いた手帳は見なければ効果なし。
常に開いて確認できるように携帯しておこう！

まとめ
3週目のまとめと補足

15日目

マンスリーからウィークリーへの「2度書き」を定着させるため、あらかじめ日時を決めてマンスリーページに「□週末手帳タイム」と、1年分の記入をしておきましょう。

16日目

一般的なタスクリストと「やりたいこと」「やること」の違いについて補足しておきます。手帳セラピーでは「自分のやること」はすべてタスク。仕事やプライベートの区別をつけません。すでにタスクリストを作成している人は、もう

一度内容を見直してみてください。あなたのタスクリストに「やりたいこと」は書かれていますか？

17日目

手帳に記入した予定通りに実行するために、2つの手法を使いわけましょう。

① その予定を実行する「気持ち」を先取りして予定を書き込む。

② 「気持ちのスイッチ」を切って書き込む。

②の手法は、繰り越しが多い案件や、なかなか進まない用件に有効です。手帳に記入した予定を実行できない原因は、他人の都合を除けば

74

すべてあなた自身の「気持ち」が関係しています。自分の気持ちさえコントロールできれば、予定もスムーズに進められるのです。

18日目

「締め切りギリギリの方が、よいアイデアが浮かぶ」なんて考えていませんか？ でもそれは、経験や考えていたことの下地が、締め切り直前にたまたま出てきただけ。しっかり準備を行い、余裕をもって進めた方がよいものが出てくるはずです。「しっかり準備をして進めた方がクオリティが上がる」ということを、手帳セラピーで実感してみましょう。

19日目

従来までの手帳術と異なり、手帳セラピーでは自分の努力以外の「流れ」「タイミング」に気づくことを大切にしています。偶然やシンクロの後押しがあって、努力＋αのパワーが生まれるのです。この＋αの部分を確信できる人が、チャンスをつかみ、幸運の波に乗ることができるのです。

20日目

「□一日一縁」が思いつかない人は「人にどう思われてもいいから、自分がやりたいこと」や「何も考えずに没頭できること」について考えてみましょう。

21日目

手帳に書かれていることが大まかな予定だけだと、見る気持ちをなくしてしまいます。細々とした記録が増えていくにつれて、確認事項や書き足すことが増えていきます。そのうちに、1日8回見る⇨1日8回以上書き足す⇨手帳が開きっぱなし、と進化するでしょう。

COLUMN

思いつき行動を後ろ□で見える化

　　　自分が思いつきで行った行動は、後ろに□を付けてスケジュール欄に書き足しましょう。すでに完了した出来事なので、後ろに書いた□には必ずチェックを入れます。一日の終わりに書き出してみると、意外とたくさん出てくるものです。予想以上に思いつきで行動していることが多いと気がつくでしょう。

　　思いつきで行う予定外の行動は、大きく分けて 2 種類あります。

　・逃避行動に夢中になった結果、本来の予定が実行できなくなるケース

　（例）「試験勉強にうちこむはずが、いつの間にかゲームをしていた☑」

　　　　　「お風呂に入るつもりだったのに、ネットサーフィン 3 時間☑」

　これらの行動には後悔がつきまとうと同時に、自分への失望が生じてしまいます。繰り返してしまうようなら、あらかじめ思いつき行動を予定化しましょう。

　例えば「20 時〜試験勉強」と予定を入れ、その後「□一日一緑」として「22 時〜ゲーム」と予定として書き込んでおけば、満足度の高い時間を過ごすことができるはずです。

　・「直感」が働き、予定外の行動が生まれたケース

　（例）「近くまで行ったので知人の事務所を訪ねた☑」

　　　　　「ふらりとデパートに寄って、恋人にプレゼントを買った☑」

　これは自分の直感に基づいて行動した結果、「思いつき行動」がプラスに働くケースです。思いつきで訪ねた先で有益な情報が聞けたり、恋人がプレゼントを喜んでくれたり、嬉しいできごとが起こった……など、これらは緑のペンで書き込みます。

　予定と違うことがしたくなったら、その行動は「逃避」なのか「直感」なのか、自分の心に尋ねてみてください。逃避から生まれる思いつき行動は、マイナスの結果になりがち。一方で、ワクワクするような新しい思いつきは、大きなプラスにつながるはずです。

4週目

思い通りの未来をつくる 手帳セラピーメソッド

手帳をフルに活用する、上級テクニックと使いこなしポイント

22 日目	思い通りの明日をつくる！ 「1週間未来宣言」をしよう	……… 78
23 日目	「夢への行動」の日を設定しよう	… 82
24 日目	1日の自分をふりかえる 「プチ内観」を記入してみよう	…… 86
25 日目	「シンクロ」と「直感」を 意識してみよう	…………………… 90
26 日目	予定の「繰り越し」を減らそう	…… 94
27 日目	悪習慣を断ち切る 「やらないことリスト」をつくろう	… 98
28 日目	書けば引き寄せられる！ 「欲しいものリスト」をつくろう	… 102
29 日目	将来の夢や希望を叶える 「ワクワクリスト」をつくろう	…… 104
30 日目	1日の終わらせかた・ 寝る前の手帳タイムの取りかた	… 106
31 日目	1カ月間をふりかえる 月末手帳タイムの過ごしかた	…… 110
まとめ	1カ月のまとめと補足	…………… 114

WEEKLY

22日目 「1週間未来宣言」をしよう
思い通りの明日をつくる！

逆引き → 理想の毎日と現実のギャップが激しい

想いが1週間の原動力になる

手帳に予定を書くと、自分では意識していなくても「実現したい」「実現するものだ」と信じる気持ちが生まれます。その思い込みを上手に利用して、これからやってくる1週間を思い通りに動かすための工夫が「未来宣言」です。想いを文字として記入し、視覚的に認識することで「この想いを実現・体験したい」という念が生まれ、現実を動かす原動力となるのです。

「未来宣言」は、1週間分の「この日はこう過ごしたい！」を先取りして手帳に書き込みます。

日曜日の夜か月曜日の朝の手帳タイムに、1週間分まとめて緑色のペンで記入。ウィークリーページの空きスペースなどを活用して、思い通りの明日をつくっていきましょう。

宣言は1週間分まとめて書く

1週間分まとめて書くよりも、前日の夜に翌日のスケジュールを見ながら書く方が、リアルな「未来宣言」が浮かびそうだと思うかもしれません。

しかし、1日が終わりを迎える夜の時間帯はどうしても反省モードになりがちで、ポジティ

ブに明日のことを想像しづらいもの。**明るい未来を引き寄せるためには、ポジティブな発想が必要です。** 手帳タイムのタイミングなら、1週間分の真っ白い記入スペースを見て「未来の時間は自分自身がつくり上げるんだ」という素直な気持ちになれて、きっと最適な言葉選びができることでしょう。

不安をプラスに変える宣言をしよう

「未来宣言」は、実際の予定に即した内容にしましょう。仕事が忙しい日に「温泉旅行でリラックス」と書いても、ただの現実逃避になってしまいます。例えば、「仕事がスムーズに片づいてスッキリ」など、**その日のスケジュールにそった希望をイメージすることがポイントです。**

何を書けばよいのか分からない場合は、その日の心配事から「未来宣言」を導き出しましょう。マンスリーページからウィークリーページに転記した1週間のスケジュールを眺める時、ちょっとした不安が頭をもたげることはないでしょうか。例えば「月曜の朝、ちゃんと起きられるかな……」と心配になったとします。そんな時は、月曜の「未来宣言」欄に「朝スッキリ起きられた！」と書いて、自分にプラス思考の自己暗示をかけるのです。

(不安要素) 会議で発言できるか不安
　　　　　　　　　　　　　　⇩
(未来宣言) 会議で評価される発言ができた

このように、不安要素をひっくり返して「どうなればハッピーに過ごせるか」を引き出すことができれば、「未来宣言」の完成です。

「商談がまとめられ、取引先にも上司にも喜ばれた」「落ち着いて試験問題がスラスラ解けた」「恋人に素直に謝って信頼が深まった」など、自分主体の「未来」を書き入れていきましょう。

あるいは、その日に緑色で書き込んだ「ワク

ワク」の予定や、「□一日一緑」に関連した「未来宣言」もよいかもしれません。

（例）マッサージに行って心身が軽くなった
探していたデザインの服が見つかった
同窓会で思わぬ人脈が得られた　など

完了形で書いて、もっとポジティブに！

ここまでの例文を見て、何か気づいたことはないでしょうか？　そう、「未来宣言」には希望が叶いやすい書きかたがあるのです。それは「完了形」で書くということ（本書P24参照）。例えば「企画書を終わらせる」と書くと、「やらなくてはいけない」という義務的な気分になってしまいがちです。しかし、「企画書が無事完成した」

と書いてしまえば、「本当にそうなりそう」と前向きな気持ちで当日を迎えられるでしょう。言葉には大きな力があります。**前向きな気持ちで、前向きな言葉を使えばその通りの未来をつくり出すことができるのです。**

「未来宣言」通りに1日が過ごせたら、その日の夜に緑色のマーカーで塗りつぶしましょう。書いたことの一部だけ叶った場合は、実現した内容の部分だけを塗ってください。緑のマーカー部分が増えるたび、「書いたことが現実になった」という充実感が生まれます。未来へ向かうための書きかたのコツが分かり、新たな活力が湧いてくるのを感じられるはず。

> **POINT**
> 不安をくつがえす、前向きな言葉で未来を書き込もう。ひとつ叶うたびにマーカーで塗ればさらに活力UP！

80

「未来宣言」を1週間分まとめて記入しよう

バーチカルタイプ

December 1週間未来宣言！ **12**		先週たてた計画通り 仕事がすすんだ	しっかり下調べをした 企画書が認められて プロジェクトが スタートした	定時で帰宅して 家でゆっくりお酒を 飲めた	行きたかったカフェで 美味しいランチを 堪能できた	
		6 Mon 月	7 Tue 火	8 Wed 水	9 Thu 木	10
今週やること		8	8	8	8	8
□企画書を提出する	⑨	□メールチェック	⑨	⑨	⑨	9
□クローゼット 　　整理をする	10	□10:30 社内会議	10	10	10 □書類確認	10
□振り込みをする 　12/15	11 12	□ファイリング	11 12	11 12	11 12 13:00 ミーティング 　　　□書類提出	11 12
	13	ランチ	13	13	13	13
	14	□書類作成	14 □資料作成	14	14	14
	15	□来客応対	15	15	15 □カフェランチ	15
今週やりたいこと	16	□見積書作成	16	16	16 □○○さんに tel	16
□映画を観に行ける	17	□データ入力	17 17:00○○社 　　打ち合せ	17	17	17
□○○さんと食事に 　行ける	18		18 □企画書	18	18	18
	19		19 □資料	19 □家でビール飲む	19	19
	20		20 □クローゼット整理	20	20	20
	21	□ゆっくり入浴	21	21	21	21
	22		22 □写真集をながめる	22	22	22

レフトタイプ

今週やりたいこと　□映画を観に行ける
　　　　　　　　　□○○さんと食事に行ける

□ゆっくり入浴
21　22　23　24

1週間未来宣言！　先週たてた計画通り仕事がすすんだ

□写真集をながめる
21　22　23　24

1週間未来宣言！　しっかり下調べをした企画書が認められてプロジェクトがスタートした

21　22　23　24

1週間未来宣言！　定時で帰宅して家でゆっくりお酒を飲めた

21　22　23　24

1週間未来宣言！　行きたかったカフェで美味しいランチを堪能できた

「こんな日を過ごしたい」と思い描いた未来を、完了形で記入しよう。大きな理想や他人への願いを書くのではなく、その日のスケジュールに即した自分主体の内容を書くこと。

23日目

WEEKLY

「夢への行動」の日を設定しよう

逆引き⤴ ずっと思い描いている夢があるけれど、なかなか叶わない

1年以内に叶えたい「夢」を思い描く

そろそろ、基本的な手帳の使いかたがマスターできて、思い通りの毎日が送れるようになってきた頃でしょうか？　手帳を使いこなして生活にゆとりが出てきたら、次は手帳を使い終わるまでの1年以内で達成したい・叶えたい「夢」について考えてみましょう。「夢が思い浮かばない」と言う人にも、「ずっとやりたいと思っているけどなかなか実行できないこと」はあるはずです。ダイエット、部屋の模様替えなど、日常生活に関係するプランかもしれません。プラモデルをつくる、山登りをはじめたいなど、人生を充実させる趣味かもしれません。または転職や昇進、結婚といった、人生が大きく動くプロジェクトでしょうか。あなたの胸で温めている「夢」について考えてみてください。

夢を叶える1日5分の行動

誰しも、ついつい目の前の予定に意識をとられて、長期スパンで実行したい予定は「時間やきっかけができたらいつか……」と後まわしにしてしまいがちです。

しかし、「1年以内に5キロ痩せたい」と思っ

ていても、何も取り組んでいなければ前には進みません。夢は叶ってこそ意味があるもの。叶えるためには、どんなに小さくとも1歩ずつ前へ踏み出すことが大切です。

そこで手帳セラピーでは、毎日のスケジュールに小さな「夢への行動」を取り入れることを提案しています。ダイエットを目指す人なら「ダイエット本を読む」「ひと口30回ずつ噛む」など、一見簡単に見えることも、立派な夢への第一歩。**実際に日々の予定に組み込むことで、夢ははるか遠くにあるものではなく、自分の手で育てるものだと実感できるようになります。**

1日のうち5分間でも「夢への行動」ができれば、単純計算すると1週間で35分間、1カ月間ではおよそ150分、1年間では……と、どんどん実績が重なっていくのです。小さな「夢のかけら」を積み重ね、1年間でこれまで眠らせたままだった夢を形にしましょう。

夢への一歩を手帳に記入

では実際に、毎日の生活に「夢への行動」を取り入れてみましょう。

まず、ウィークリースケジュール欄の上部に「夢への行動」の定位置を作ります。そして1週間のはじめの手帳タイムに、頭にチェックボックスを付けた「□夢への行動」を記入します。このとき 夢色のペン （本書P20参照）で記入するのを忘れずに。「□夢への行動」も、「未来宣言」（本書P78参照）と同様に、1週間分をまとめて記入します。ただし、その日の朝にひらめいたことは、追記して構いません。

「□夢への行動」記入欄への書き込みが完了したら、その日の実行可能な時間帯に予定として組み込み、**2度書き**します。

夢を叶えるために必要な行動には、大きく分

類して2種類あります。ひとつ目は、ある程度継続して行う行動。

（例）
□英会話のCDを聞く
□寝る前にストレッチをする
□求人情報をチェックする　など

もうひとつは、まとまった時間を要する行動。

（例）
□字幕なしで映画を観る
□ジムの入会体験に行く
□履歴書を書く　など

仕事や家事をしていると、夢のための時間を取るのはなかなか難しいもの。特に前述の「まとまった時間を要する行動」は、休日しか集中して行うことができないかもしれません。

そんな時には、1カ月の手帳タイムの際に、空いている日や時間帯を確保してしまいましょう。スケジュールがまだ入っていない1日を夢色のペンと同じ色のマーカーで囲み、「この日1日は、夢のために行動する日」＝「夢への行動の日」とあらかじめ決めてしまうのです。

「忙しいから」と言い訳をして、夢から遠ざかるのはもうやめましょう。**言い訳をする心の裏側には「叶えるのは難しい、でもこの夢を目指したい」という本音があるはずです。**わずかな一歩からでも踏み出す勇気を持ちましょう。どんな時にも「ワクワク」を忘れずに一歩一歩進めば、前向きな気持ちで夢を実現することができるのですから。

> **POINT**
> 小さな一歩を着実に積み重ねて、確実に夢を叶えよう

「夢への行動」と「夢への行動の日」を設定しよう

オレンジ色で示した文字が「夢への行動」とそれに関係する予定。頭の中で考えていることをすべて手帳に落とし込んで、一歩一歩確実に夢へ近づこう。

WEEKLY

24日目

逆引き ▶ ネガティブ思考を改善したい

1日の自分をふりかえる「プチ内観」を記入してみよう

1日をふりかえる3行日記をつけよう

思い返してみてください。今日1日で1番心に残っているのは、どんなことでしょうか？ハッピーなことでも、モヤモヤしたことでも、悲しかったことでも構いません。出来事と感情はセットになっています。その気持ちは何が起こった時に感じたものなのでしょうか。

「プチ内観」とは、自分の心の内側に起きたことを客観的に3行で書き留める、日記のようなもの。寝る前に今日1日をふりかえって心と気持ちを「見える化」する習慣を持ちましょう。

「プチ内観」の書きかた

「プチ内観」は、以下のような構成で文を組み立てます。

(1行目) 出来事・行動
(2行目) 結果・感情
(3行目) 学び・宣言

まず、1日の予定にそって1行目と2行目を記します。

(例1) 思い立ってAさんに電話した。来週早速会うことになった。

直感で動いてみるものだ

ポイントとなるのは3行目「学び」の書きかた。3行目には「感想」ではなく、あくまでも「学び」を書きます。この場合は、**「思い立ったことがプラスに働いた」**ことが「学び」にあたります。

また、以下のようなケースでは、より具体的に「学び」を記入する必要があります。

（例2）仕事に遅刻してしまった。店長に怒られて凹んだ……。

× 次からは遅刻しない
○ 明日は1本早い電車に乗る

「次から遅刻しない」と目標を書くだけでは行動につながらず、きっとまた遅刻してしまうでしょう。「1本早い電車に乗る」と具体策まで考えて初めて、前進することができるのです。

「プチ内観」の目的は、後悔ではなく明日をよりよくすること。過ぎ去った時間はすべて学びの種です。**ポジティブな感情や喜びからは、自分だけの成功法則を見いだすことができます。**つまり、未来もその日と同じパターンで行動すれば、よい現実を再現させることができるのです。

逆に**ネガティブな感情や反省点からは、同じことを繰り返さないための改善策が導き出せます。**「こうすればよかった」という教訓を忘れないために、「プチ内観」で「見える化」しておきましょう。

何を書けばよいのか悩んだら……

いざ「プチ内観」を書こうとしても何も思い浮かばない時は、手帳のメモページを活用してみてください。ウィークリーページのスケジュールを目で追いながら、1日の出来事や自分の行動を書き出します。その時々どんな気持ちだったか思い出して「プチ内観」の材料探しをしましょう。

よくなかった出来事ばかり思いついて、なかな

かハッピーな「プチ内観」が引き出せない人も多いかもしれません。1日の終わりの時間帯は、体同様に脳もお疲れモード。思考が反省に向かいやすいので、これはしかたのないこと。でも、反省するばかりではなくて、「何を学んだのか」「次はどのように行動するのか」を書き留めて、よりよい明日を呼び込むようにしてみましょう。

また、辛い感情や嫌な出来事は、心に溜め込まず、メモページへ吐き出すのがおすすめです。すっかり書ききって読み返す時、不思議と冷静になり、解決の糸口が見つかるはずです。

自分なりの原因と解決方法が見えてきたら、「プチ内観」として改めて書き留めます。3行目に改善プランを宣言して1日を締めくくれば、スッキリした気分で就寝できるでしょう。

「プチ内観」と日記の違い

「プチ内観」と普通の日記の違いは、手帳に書かれたスケジュールにそって書くので、偽りが入らずに事実のみを記述できるという点。日記だと、文章として成立させるために、多少の脚色や偽りが入りがちです。しかし「プチ内観」は3行という限られたスペースの中に、3つの要素を盛り込まなければなりません。短いセンテンスの中で脚色したり、自らを偽るのはなかなか難しいもの。**「プチ内観」は最もシンプルに今の自分を「見える化」できるツールなのです。**

> **POINT**
> 「プチ内観」で、自分の成功法則や改善プランを「見える化」しよう

88

3つの項目にそって「プチ内観」を書いてみよう

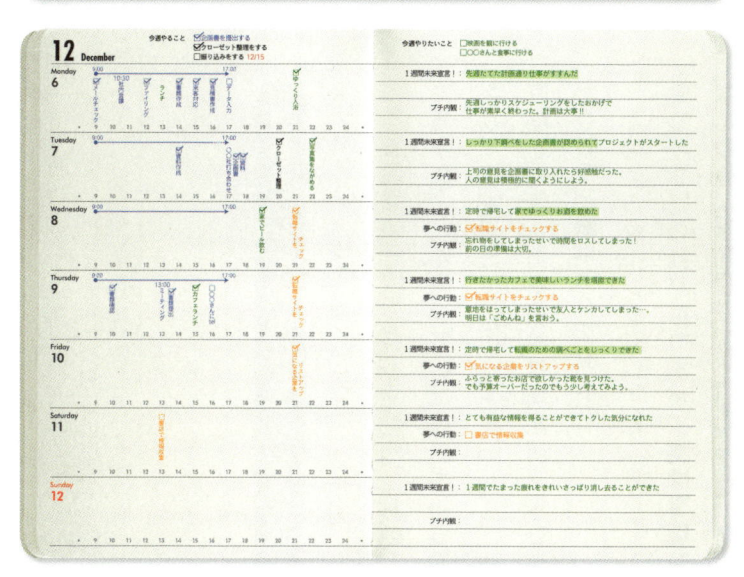

短い文章にまとめられない場合は、3つの項目それぞれを箇条書きで記してもOK。「プチ内観」を続けるうちに、短い文にまとめることが上手になり、要約力UPも期待できる。

25日目

「シンクロ」と「直感」を意識してみよう

WEEKLY

逆引き G
うまくいく気がしなくて、やる気が起きない

カンが働いたら迷わず手帳に記入

物事がうまく進んでいる、夢が叶ったと言う人は、よく「自分の直感に従っただけ」「流れに乗っているだけ」と話します。つまり、直感や流れをつかむことができれば、物事が望む方向に動きはじめたり、夢が叶ったりするのです。

これを実感するために、手帳が有効なツールとして役目を果たします。

仕事やプライベートを充実させたい人や、叶えたい夢がある人は、手帳に「直感」や起きた「シンクロ」を書き留める習慣をつけましょう。

手帳セラピーにおける「シンクロ」とは

「シンクロ」とは「シンクロニシティ」＝「意味のある偶然の一致」という意味。「あの人どうしてるかな〜」と思っていたら当人から連絡が来たり、「京都に行きたい」と思ったら、やたらと京都を特集した番組や雑誌が目に飛び込んできたりした経験はありませんか？

このような「シンクロ」は「偶然」という言葉で片づけられがちですが、**実は実現を望むあなたの心（潜在意識）が「シンクロ」を引き寄せているのです。**「シンクロ」を記録することで自

90

分が望んでいることは何か、気持ちがともなうベストタイミングはいつか、などが見えてくるようになるでしょう。

とりわけ「叶えたい夢」に関する「シンクロ」は、意識した途端、たて続けに訪れる傾向があります。うまく「シンクロ」を見つけられない人は、自分の夢・想いというフィルタを通して周囲を見渡すと、たくさんの「シンクロ」を発見することができるようになるでしょう。

手帳セラピーにおける「直感」とは

「直感」は、「降水確率は低いけど、玄関で傘を持ちたくなった」「電車に乗った時、なんとなくこの人はそろそろ降りそうだと思った」というような、根拠のない思いつき・ひらめきを示します。

そのひらめきは、あなたが無意識に「予想」したことでもあるのです。実際に雨が降って傘が役立ったり、目の前の人が次の駅で下車して座ることができたりしたら、「直感が当たった！」と嬉しい気持ちになり、ちょっと自分に自信が持てる気がしませんか？

何かを決めようとする時、まず頭をよぎるのは「直感」です。しかし、追ってすぐに理性が働くため、私たちは「直感」を無視してしまいがち。**「直感」は、あなたの経験値や言葉にできない感覚がベースとなって生まれた、潜在意識からのメッセージです。**「直感」を信じて生活にうまく取り入れられれば、物事がよりスムーズに運ぶようになるでしょう。

また、スケジュールを立てる際、どの予定を優先させるか、どの日に入れるか迷ったら、「直感」を信じてみてください。「とりあえずこうしようかな？」と思ってもなんとなく気乗りがしないなら、その予定は適当ではないということかもしれません。

記録することで感性を研ぎすまそう

「シンクロ」と「直感」は、忘れてしまいがちなので、**起きた瞬間に手帳へ書き込むこと**。サッと手帳を取り出してメモする習慣を身につければ、1日8回手帳をチェックすることも容易になります（本書P72参照）。

「直感」と「シンクロ」は「ハッピーマイレージ」（本書P64参照）と違い、毎日必ず見つけられるとは限りません。強く何かを実行したいと思っている時期に立て続けに「シンクロ」が起きたり、なんとなく直感が冴えない時期があったり。このバラつきも含めて「シンクロ」と「直感」です。「今、波がきている！」と、感じ取ってみましょう。

感じることで流れに乗ろう

このように、的中した「直感」や起きた「シンクロ」を書き記すことが、自分の潜在能力を信じるためのレッスンになります。

（例）☆なんとなくまわり道をしたら、行きたかったレストランを発見
☆引っ越したいと思っていたら、理想的な物件に遭遇　など

手帳に☆マークの記述が増えるにつれて、「カンが働いている」「流れがきている」と感じるでしょう。「感じたこと」で行動する自信がつけば、楽な気持ちで「やりたいこと」や夢に向かって進むことができるようになるのです。

POINT

自分の直感とシンクロを信じて願う未来を引き寄せよう！

「シンクロ」や「直感」を感じたら☆マークで書き込み！

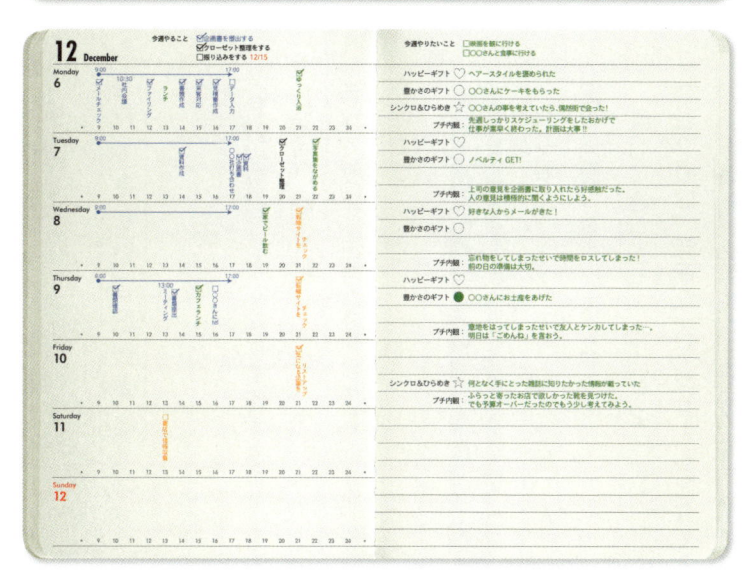

「シンクロ&直感」はウィークリーページに、頭に☆マークを付けて緑色のペンで記入する。
シンクロや直感を得たらすぐに書き込もう。直感が当たったら、緑のマーカーで塗って実感！

26日目

予定の「繰り越し」を減らそう

WEEKLY

逆引き → 何度手帳に書いても実行できないことがある

予定の繰り越しは転記必須！

1日の中ではさまざまな想定外の出来事が起こるので、多少実行できなかった予定が出るのは当然です。**「約束が守れなかった」と必要以上に自分を責める必要はありません。** 繰り越しになる予定は、要するにその日の自分のキャパから溢れてしまったもの。はじめは繰り越しをしながら、1日に自分が無理なくこなせる予定量を見極めていけばよいのです。

実行できなかった予定には、「繰り越しマーク」（P97図参照）と「次に実行する日」を追記しましょう。繰り越し先のスケジュール欄にも、チェックボックスを付けて転記するのを忘れないこと。

実践できない予定を片づけるコツ

「繰り越しマーク」が3回以上続いたら、一度予定の見直しを行いましょう。

実行できなかった理由は2つに分けられます。ひとつめは、無理なスケジュールを立ててしまっている場合。もうひとつは、苦手意識が障害になっている場合です。

94

以下に、気が進まない「繰り越し予定」をスイスイ片づける方法をお教えします。

・「5分だけ」ルールを試してみよう

例えば、PCで企画書を作成する場合、フォーマットを用意して仮題だけでも打ち込んでみましょう。わずかでも「進んでいる」と実感することが重要です。たいていの場合「5分だけ」のつもりが、きりのよいところまで進めることができ、成果を挙げることができるでしょう。

・大きいもの（こと）から着手しよう

例えば洗濯物を片づける時、シーツなど場所を取るものからはじめるとスムーズに段取りを取るように、仕事の場合も大きな用件から片づけてみましょう。精神的な負荷が大きいもののめどをつけ、心を軽くしておけば「あと少し」とはずみをつけて、残りの仕事に取りかかることができます。

・前日に準備しておこう

翌日使う振り込み用紙や投函する郵便物などを、寝る前に財布や手帳にスタンバイしておきましょう。準備することで、実行する際のイメージをより鮮明に思い描き、行動につなげることができます。

・予定の後ろに所要時間を記入しよう

繰り越しがちな予定の後ろには、（ ）でだいたいの所要時間を書き込みましょう。「□ジョギング（30分）」などと書くことで、漠然としたイメージがより具体的に。「30分間頑張れば終わる！」と、ハードルが低く感じられるようになります。

・繰り越しがちな予定は細分化してみよう

10日目で解説した「予定の細分化」（本書P42

参照)は、「繰り越し予定」にも効果があります。予定完了までにすべきことを明確化することで、「ひとつひとつクリアすればいい」と前向きな気持ちになれるはずです。

・他人からやりかたを教えてもらおう

能率的な手段や手順が分からないため、いつまでたっても終わらないことも意外に多いものです。そんな時は、臆することなく人に教えを乞いましょう。新たな知識を得るチャンスにもなります。

・他人にお願いしてみよう

前述のように誰かにやりかたを教えてもらって解決する案件ではない場合、スケジュール的・能力的に不可能そう、あるいはどうしても気が進まないという場合、周囲の人に頼んでみましょう。自分が苦手でも他人にとっては得意なこともあります。逆もまた然り。もちろん「押しつける」のではなく、お互いに助け合う気持ちを忘れずに。

それでも実現できないことは、予定そのものを取り消したり、保留にしたりすることも検討しましょう。**それは本当に今やらなければいけない予定でしょうか?** 差し迫った理由が見当たらないのであれば、まだタイミングが訪れていないのかもしれません。

> **POINT**
> 繰り越した予定は必ず後日に転記を。
> どうしても実践できない場合はその理由を分析しよう

「繰り越し」の予定は、次に実行する日程を明記しておこう

バーチカルタイプ

6 Mon 月	7 Tue 火	8 Wed 水	9 Thu 木	10 Fri 金	11 Sat 土
先週たてた計画通り仕事がすすんだ	しっかり下調べをした企画書が認められてプロジェクトがスタートした		行きたかったカフェで美味しいランチを堪能できた	定時で帰宅して転職のための調べごとをじっくりできた	とても有益な情報を得ることができてトクした気分になれた
		定時で帰宅して家でゆっくりお酒を飲めた	転職サイトをチェックする	気になる企業をリストアップする	書店で情報収集

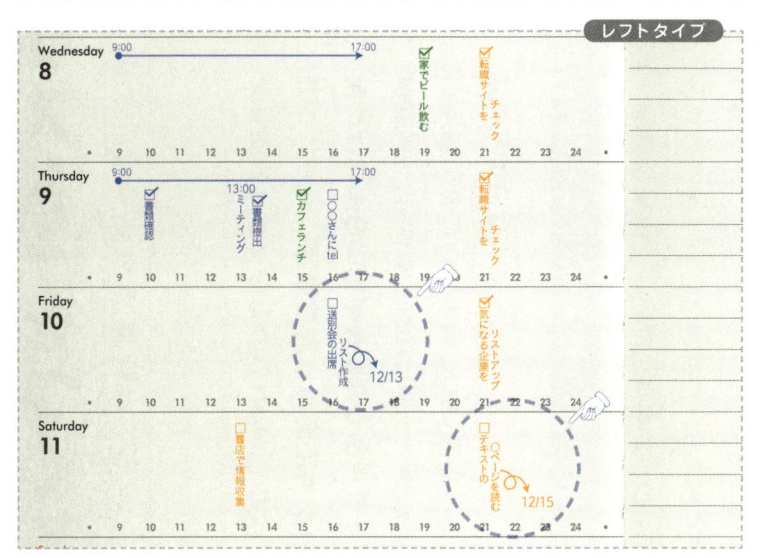

予定を繰り越しする場合は、矢印で次に実行する日程を明記。そのタイミングで日付のページに、転記することを忘れずに。

27日目 悪習慣を断ち切る「やらないことリスト」をつくろう

逆引き **G**　「やらなくてもいいこと」をダラダラ続けてしまう

OTHER

悪習慣は逃避のサイン

ネットサーフィンが日課で、毎晩寝るのが遅くなってしまう。テレビをつけたら夢中になってしまい、部屋の片づけが進まない……。やらなくてもいいことで時間を費やしてしまった経験はありませんか？　そんな人は、日々の用事がおっくうになるようです。手軽な逃避行動に走ってしまう傾向にあるようです。あるいは、深い理由はないけれど、それをやらないと不安になるから繰り返しているのかもしれません。

テレビ鑑賞でもネットサーフィンでも、それが本当にやりたかったことなら、後で充実感が得られます。**時間が経って後悔するようなら、あなたはその行動を本当はやめたいと思っているはず**。「やらないことリスト」をつくって、やる必要がないことをダラダラ続けてしまう悪習慣を断ち切りましょう。

やらないことをリスト化しよう

手帳のメモページに、まずは自分の「やめてもいいこと」＝「やらないこと」を思いつく限り書き出してみましょう。「ネットサーフィン」「寄り道」「間食」などの行動はもちろん、「同じ

ことをクヨクヨと考える」など、感情に関する内容でも構いません。

他にも、仕事とプライベートの区切りをつけたいなら、「休日に仕事のメールをチェックする癖をなくす」と書いておくなど、目的にあわせて「やらないこと」を記述しておきましょう。

「やらないこと」を書き出したら、「なぜやめたいのか」の理由と、やめる代わりにしたいことや対処法を考えて、「やらないことリスト」としてまとめてみましょう。「やらないこと」はすぐに思いつくかもしれませんが、原因や対策を見つけるのには、少し時間を要するかもしれません。急ぐ必要はないので、思いついた段階で順次追記してください。

> 原因や対策の具体的な例

やらないこと…… 間食

その理由…… 太るから

代わりの行動…… 手帳にハッピーマイレージを書いて気を紛らわす。ガムを噛む

やらないこと…… 過去の失敗を思い出すこと

その理由…… 暗い気分になるから

代わりの行動…… メモページに書き出し、客観視してリセット

やらないこと…… 土日に仕事のメールを読む

その理由…… 休日にゆっくりできない

代わりの行動…… 日曜は1日休業！ 返信は月曜の朝イチに

> 原因を突き止め、悪習慣を断つ第一歩を

それでは具体的な書きかたを見てみましょう。

ダラダラ悪習慣を続けてしまう原因を突き止めると、自分が本当は何を望んでいるのか、次第に分かってきます。すると、気持ちが楽にな

るのを実感できるはずです。

やめたい悪習慣を文字にして、まず原因が惰性や不安であることを認めなければ、断ち切る勇気も湧いてきません。手帳に書き出して、自分を見つめ直すことから始めてみましょう。手帳に書いた勢いで「1回だけやめてみよう」と思えたら、即、実行！　1度やめることに成功すれば、気分がスッキリするはずです。

空いた時間にやりたいことができ、充実感を味わえたなら「次もやめてみよう」という気持ちが沸いて、継続的に悪習慣を遠ざけることができるようになります。ゆくゆくは「後悔する行動から脱却できた」という自信を得られるようになるでしょう。

やらないことを書けば楽になる

手帳は本来「やること」のみを書き込んで予定を管理するもの。しかし、**あえて「やらないこと」を書くことで、惰性で過ごす時間を減らせるのです**。充実した時間が増えれば、自己肯定感を得られるようになるでしょう。

もうひとつの「やらないことリスト」の効果は、「やらなくてもいいんだ」と自分の気持ちを楽にしてあげられる点です。「〜しなきゃ駄目」ばかりでは気疲れしてしまいます。「ワクワク」を失わず、前向きな日々を過ごすためには、「やらなくていいよ」と許可することも大切なのです。

POINT

手帳には、「やること」だけでなく「やらないこと」も記入。悪習慣の原因と向き合い、断ち切る道を探そう

「やらないことリスト」を作成してみよう

やらないことリスト

〈やらないこと〉間食　　　　　　　　〈その理由〉太るから
　　　　　　　　　　　　　　　　　　〈かわりの行動〉手帳にハッピーマイレージを
　　　　　　　　　　　　　　　　　　書いて気を紛らわす。ガムを噛む

〈やらないこと〉過去の失敗を反芻する　〈その理由〉暗い気分になるから
　　　　　　　　　　　　　　　　　　〈かわりの行動〉メモページに書き出して、
　　　　　　　　　　　　　　　　　　気分を客観視してリセット

〈やらないこと〉土日に仕事のメールを読む　〈その理由〉ON、OFFのメリハリをつけるため
　　　　　　　　　　　　　　　　　　〈かわりの行動〉日曜は1日休業！
　　　　　　　　　　　　　　　　　　返信は月曜の朝イチに

バーチカルタイプ

手帳のメモページに書いた「やらないことリスト」は、時々ながめて確認しよう。マンスリーやウィークリーに落とし込める内容の場合は、上図のように記入するとよい。

28日目 書けば引き寄せられる！「欲しいものリスト」をつくろう

逆引き G　欲しいものがたくさんあるのに、なかなか手に入らない

OTHER

自分を豊かにするものを書き出す

洋服、家具、雑貨……。欲しいと思っているのに、お金がなくてなかなか手に入らない。あるいは、手に入れる機会がやってこない。そんな悔しい思いをしている人は多いはず。ここでは、欲しいものをぐんぐん引き寄せる秘密の方法を伝授しましょう！　それは手帳に「欲しいものリスト」をつくること。これによって、情報収集のアンテナが立ち、お目当てのものが、思わぬルートや値段で手に入るようになります。

手帳に欲しいものを書く前に、まずはそれが「本当に必要なものかどうか」じっくり考えましょう。精神的にも物質的にも、あなたに実りをもたらすものだと感じたら、リストに書き込みをしてください。値段や大きさ、状態などはできる限り詳しく書き表すこと。具体的に書くことで、自分が欲しいものを明確にイメージできるようになります。

「物欲」は理想像に近づくためのサイン

「物欲」と聞くと、よくないイメージが浮かぶかもしれません。しかしこれは、理想の自分を追い求めた時に生まれる健全な精神活動でもある

102

手に入れたいものを「欲しいものリスト」に記入しよう

※ 欲しいものリスト

NO	日付	品物	予算	実際	手に入った日
1	1/16	二人がけができる赤いヴィンテージ風ソファー	5万	3万	2/20
2	1/30	フリンジのついたエレガントなバッグ	3万	2.5万	3/14
3	2/22	デトックス作用＋アロマ効果のある入浴剤	500円		
4					
5					
6					
7					
8					
9					
10					

手に入れたいものはできるだけ具体的に明記する。ブランド名や商品名がわかっている場合はそのまま記入してもOK。P125のワークシートを活用しよう。

> **POINT**
> 本当に必要な「欲しいもの」は詳しく書いて引き寄せよう

のです。

例えば、エレガントで洗練された服や小物が欲しくなったとしたら、それはあなたが「品のある人」になりたがっているサイン。尊い労働で得たお金を使って欲しいものを買う時、あなたはお金という「エネルギー」を注いで、「理想の自分像」に近づこうとしているのだと気づくでしょう。

また、「欲しいものリスト」をつくると、衝動買いが少なくなり、健全なお金の使いかたが身につくようになるでしょう。欲しいものを収納する空白＝スペースも同時に用意しておけば、きっと嬉しい驚きがもたらされるはずです。

29日目 OTHER

逆引き G やりたいことや叶えたい夢がたくさんある

将来の夢や希望を叶える「ワクワクリスト」をつくろう

遠い目標も書き出せば実現に近づく

通常、手帳には日付が決まっていることだけを書き込みます。期限がない「いつかやりたいこと」は、頭の中にしまっておくことになりがちです。しかし、それではいつまでたっても思いは現実化されません。今年か、来年、それさえも決まっていない「やりたいこと（want）」を記録しておく場所「ワクワクリスト」を手帳につくり、文字で書き表すと不思議と現実が近付いてくることを実感してみましょう。

「ワクワクリスト」は緑色のペンを使って「肯定形」（本書P24参照）で書きましょう。思いついた日付と、「実現しそう」と直感で感じた時期があれば、日付の後に「？」をつけて記入します。

また、仕事に関する将来の展望を書いておくのも効果的です。例えば「ケーキがおいしいカフェを開業した」「仕事をサポートしてくれる素晴らしい人に出会えた」など。自分の興味の対象や、心から望んでいることが見えてくるはずです。

自分の「ワクワク」に耳を傾け、思うまま書き綴ってみましょう。新たな縁が生まれたり、天職に巡りあえたりするかもしれません。

「ワクワクリスト」と「はじめの一歩」を記入しよう

ワクワクリスト

NO	日付	内容	叶った日
1	1/18	仕事をサポートしてくれる素晴らしい人に出会えた 4/10?	4/20
2	2/30	夜景が綺麗なホテルに泊まって、セレブな気分を楽しんだ	3/3
3	3/15	有名ファッション誌の読者モデルに選ばれて活躍できている	
4	3/25	合コンで魅力的な男性と出会って連絡先の交換ができた 卒	

はじめの一歩

NO	内容
1	同僚や後輩などと良好な関係を結ぶ
2	夜景が綺麗なホテルについて調べる(立地、宿泊料金など)
3	ファッション誌の「読モ募集」に応募する
4	積極的に合コンに参加する
5	

「やってみたいこと」の横には、「はじめの一歩」として、今すぐにできることを記入する。
P126〜127のワークシートを活用しよう。

足がかりをつくって、いざ実践!

「ワクワクリスト」の右側には「はじめの一歩」=すぐにできることを書き出してみましょう。

気軽に着手できる足がかりをつくることで、「日々のことで精一杯なのに、実現できるはずがない」という思い込みを取り払えます。

1度は書いたものの、後で興味がなくなってしまった場合は、上から2本線で「見え消し」し、ヨコに卒マークと日付を書き足してください。

そうしておけば、後でふりかえる際に、自分の希望や目標の移り変わりを見てとることができます。実現したものは、緑のマーカーで塗りつぶして充実感を味わいましょう。

> **POINT**
> やりたいことを全部書き、実現する楽しさを感じよう

30日目 1日の終わらせかた 寝る前の手帳タイムの取りかた

OTHER

逆引き 夜寝る前、1日の反省点や後悔ばかり頭に浮かぶ

1日のふりかえりは手帳とともに

手帳セラピーを続けると、夜寝る前に「今日もいい1日だった」と思えるようになってきます。しかし、最初のうちは自分へのダメ出しや反省の気持ちばかりが強く出ることも。そんなモヤモヤを翌日に持ち越さないため、毎晩5分間程度の「手帳タイム」を取りましょう。その日のことはその日のうちに整理し、予定と気持ちを立て直すことで、翌日を120％の自分で過ごせるようになります。

バスタイムや晩酌タイムに、くつろぎながら1日をふりかえりたいという人もいるかもしれません。でも頭の中で「ああしよう、こうしよう」と考えるだけで、的確に目に見えない想いが整理整頓されるでしょうか？　あるいは、新しいアイデアが浮かんだ時に、書き記しておかなくても覚えていられるでしょうか？

文字にして書くことで、いろいろなことがあった1日を、客観的に見直すことができます。手帳を見ながらその日の出来事を整理しておけば、「今日もよくやった！」と心底リラックスタイムを満喫できるでしょう。

あるいは何か新しいアイデアが浮かんだ時に、

このタイミングでメモを書き留めておけば、「寝て起きてみたら忘れていた」などということも避けられるかもしれません。

1日の締めくくりに書き込む事柄

それでは、1日の終わりにすることを順を追って説明します。

① **繰り越しと週間スケジュールを見直そう**

印が付けられなかったチェックボックスがあったら、繰り越しが必要なものは次に実行できそうな日へ移動させてください。突然入った用件によって、もともと入っていた予定が実行できなかった場合も同じです。また、ウィークリースケジュールをざっと見直して、追って日時が決まった予定や新着の予定を追記しましょう。（本書P94参照）

明日以降に持ち越す場合は、次の手順で進め

ます。

(1) 用事のひとつひとつを「明日1日でできる用事（仕事）」と「数日かかる用事（仕事）」のどちらに該当するかを考える。

(2) 「明日1日でできる用事（仕事）」の手順、時間配分を手帳に記入する。

(3) 「数日かかる用事（仕事）」を1日何分で何日かかるか、細分化してメモページに書き出し、手帳に落とし込む。自分のやれそうな分量の8割程度に抑えておくことがポイント。他者と関わる用事の場合は、6割程度の達成を目安に。

② **予定外に行ったことを書き足そう**

自分が思いつきで行ったことや、他人から急に頼まれた用事など、予定外の行動を追加します。最初から入っていた予定と区別するため、**思いつき行動は後ろにチェックボックスを付け、**

急に頼まれたことも追記しておきましょう。また、書店で目に留まった本のタイトルなど、気になった情報も記入してください。毎日体重や万歩計の歩数などの数値を記録している人は、このタイミングで記入するとよいでしょう。

③ 未来宣言をチェックしよう

未来宣言の実現した部分を、緑色のマーカーで塗りつぶしましょう。「ちょっとでも思った通りに1日を送れた」と気分がよくなるはずです。（本書P78参照）

④ ハッピーマイレージを書き込もう

○♡●♥マークの「ハッピーマイレージ」と、☆マークの「シンクロ」「直感」を記入します。その日の嬉しかったことやトクしたことを探すうちに、幸福感に満たされてくるでしょう。（本書P64参照）

⑤ プチ内観を書き込もう

1日の中で最も印象的だった出来事を思い出し、3行で日記を書きます。ポイントは、できるだけ自分を褒めて1日を締めること！ 反省点が浮かんだ場合は、3行目でしっかり改善策を見いだして、プラスな気持ちで1日を終えるようにしましょう。（本書P86参照）

⑥ 明日の準備をしよう

翌日の予定を目で追って、持ち物や着る洋服を準備してしまいましょう。起床後の行動をシミュレーションしておけば、午前のスタートダッシュが軽快になります！

翌日の流れを毎晩イメージしよう

ここまでやり終えたら、すでに気持ちが明日に向かっていることに気づくはずです。手帳を閉じて目をつぶり、もう1度翌日の流れを想像

寝る前の手帳タイム用チェックリスト

- [ ] 印が入っていないチェックボックスを見直しましたか？
- [ ] 予定外に行ったことを書き足しましたか？
- [ ] 未来宣言の実現した部分を塗りつぶしましたか？
- [ ] ハッピーマイレージは書き込みましたか？
- [ ] プチ内観は書き込みましたか？
- [ ] 明日の準備はしましたか？

寝る前の手帳タイムが習慣化するまでは、上記のチェックリストにそってふりかえりを行おう。
すべてのチェックボックスに印が入ったら「今日もいい1日だった」と思えるはず！

してみましょう。

商談や会議など、大切な予定が入っている場合は、「どんな発言をしよう」など具体的に思い描いてみてください。プライベートの楽しみな予定があれば、「ワクワク」をふくらませてください。持ち物や洋服の準備も済ませて仕度も万全に。脳裏にカラー映像で明日のイメージを思い浮かべることができれば、実現率は高まります。

このように、明日1日をどのように過ごすか毎晩想像することで、1週間、1カ月間、1年間をどのようにつくり上げるのか、イメージが上手になります。これで、「時間にふりまわされる自分」から脱却し、思い描いた素敵な毎日を送ることができるはずです。

> **POINT**
> 1日の終わりに、手帳をながめながら今日をふりかえろう

OTHER

31日目
1カ月間をふりかえる月末手帳タイムの過ごしかた

逆引き◯ 何もできないまま、気がつくと1カ月が終わっている

毎月ふりかえって足跡を確認しよう

1年が終わりに近づいた時、「今年も何もせずに終わってしまった……」と、ため息をついた経験はないでしょうか。それは、1年間歩んできたあなた自身の足跡が残っていないためです。

手帳セラピーでは、1週間、1カ月ごとに必ず「ふりかえり」を行います。しっかりと整理・記録された手帳をめくれば、ひと月ごとに前進している自分の姿が目に見え、充実感を味わうことができるでしょう。

月末の「ふりかえり」手順

月末に「手帳タイム」を設け、今月のふりかえりと、翌月のプランづくりを行いましょう。

① やり残しチェックボックスを確認しよう

今月のマンスリーページに加え、5週間分のウィークリーページも見直して、印が入っていないチェックボックスを探します。実行できなかった予定は翌月に繰り越すか、取り消するかを検討しましょう。繰り越す予定に矢印と繰り越した日付を入れます（本書P94参照）。

② 今月の達成率を書こう

2日目（本書P22参照）に決めた「今月のテーマ」がどれぐらい達成できたかを記入します。達成度70％くらいの達成度が合格ラインです。達成度が低い場合も「以前より少し前進できた！」と自分を褒めて、次月以降のモチベーションUPにつなげましょう。もしそのテーマが翌月に繰り越しても問題ないようであれば、この時点で次月のテーマに転記しておきます。

③ 今月のふりかえり欄を書こう

マンスリーページの余白に「今月のふりかえり欄」を設けて、4行程度で1カ月間の総括を記入しましょう。1行ずつ考えながら書き進めば、最後には「今月の自分」が把握できているはずです。

1行目……②で記入した「今月のテーマ」の達成率が導き出された理由を記入します。達成率が低かったのはなぜなのか、原因を探ってみましょう。逆に、達成率が高かった場合、一体何が功を奏したのでしょうか？ 手帳に書かれた記録を確認しながら考えてみてください。

2行目……今月を長いと感じたか、短いと感じたか、またそう感じた理由も考えて書きましょう。時間は誰にも平等に与えられていますが、状況や気の持ちようによって、感じるスピードが変わるものです。1カ月間を長く感じたのは、予定がたくさん入っていたから？ それとも退屈だったから？ 短く感じたのは楽しいことが目白押しだったから？ それとも時間に追われていたから？ 自分が感じた「時の流れ」を記録することで、1カ月をどのように過ごしたのかが見えてくるはずです。

3行目……その月の体調を、中旬から咳が出

「はじめた」「月末から花粉症が悪化」などのように、赤色のペンで記録します。「前半は調子がよかったのに、後半は憂鬱な気分だった」など、精神面の変調も書いておきましょう。

4行目……今月最も印象的だったことを書き出してみましょう。すぐに思い浮かばない場合はマンスリーに記入した「今週のふりかえり」(本書P32参照)を見直します。「旅行に行った」あるいは、「部長に褒められて自信がついた」など、内面のことでもOK。その際、プラスのことや周囲から受け取ったことを重視してください。よかったことで締めれば「今月もいい月だった」という気持ちで翌月へ向かうことができます！

④ 翌月の予定を書き込もう

翌月のマンスリーページに、分かっている範囲で予定を記入します。1カ月経って、手帳セラピーメソッドが実践できるようになってきたら、繰り越しを減らせるよう精度を上げて予定を書きましょう。すでに繰り越しが決まっている予定は、転記しておくのを忘れずに。

⑤ 翌月の「今月のテーマ」「やること」「やりたいこと」を書こう

予定が入ったマンスリーページを眺め、翌月どんなふうに過ごしたいのかイメージをふくらませながら記入しましょう(本書P22参照)。

> **POINT**
> 月末手帳タイムで、過ぎた日々に感謝。翌月もワクワクに満ちた月にしていこう

「今月のテーマ」の達成度と、「今月のふりかえり」を記入しよう

December

12　今月のテーマ 年末も健康で、元気に過ごせる 70%

	Monday　月	Tuesday　火	Wednesday　水	Thursday
今週のやれたらいいな ☐クリーニング取りに行く ☐○○さんに会う ☐振り込み	29	30	1 9:00 ～17:00 13:00～14:00 会議 <s>18:00 ○○さんと</s>　食事	2 18:00 ○○さん
	6 9:00 ～17:00 18:00 美容院	7 <s>15:00</s> ○○社 17:00　打ち合わせ ☑クローゼット整理	8	9 13:00 ミーテ ☐書類提出 ☐自己分析シ
	13 9:00 ～17:00	14	15	16
	20 9:00 ～17:00	21	22	23
	27 9:00 ～17:00	28	29	30

今月のふりかえり
今月は仕事や忘年会などで忙しかったけれど、メリハリをつけた生活ができたので、体調も崩さず元気に過ごすことができた。
「テーマ」を決めて1ヵ月過ごす大切さに気付いた。

「今月のテーマ」の達成度をパーセンテージで表してみよう。70％くらいが合格ライン。達成度が低かった場合は、「今月のふりかえり」欄でふれると改善策が見出せる。

まとめ
1カ月のまとめと補足

22日目

緑の塗りつぶし部分は、自分の予想と現実にどの程度のズレがあるかの指針となります。実現率の上昇はすなわち「現実を読む」力がついた証拠。「相手の反応」のデータや、自分の仕事の成功率を把握することによって、ある程度予測を立てて行動することができるようになるのです。

23日目

複数「夢」がある時は、ひとつずつ終わらせていきましょう。もちろん数カ月で実現しそうな夢でもOKです。

24日目

「プチ内観」をその日に書けなかった場合は、できるだけ翌日には記入するようにしてください。無理に「行動」「結果」「学び」を書こうとせずに、その日に起きた覚えておきたいトピックスをメモするだけでもよいでしょう。

また、**どうしても書けない時は、あなたの中でその日の出来事を整理できていないのかもしれません。** スペースが白紙である、ということも記録なのです。後日ふりかえって、なぜこの日が白紙だったのかを考えてみましょう。

気持ちを楽にしてあげるための「やらないこ

25日目

どんなことにも判断材料や根拠を求める理性的な人は、「直感」を抱きにくい傾向にあります。もちろん無理に考えかたを変える必要はありませんが、根拠がないことも信じてみると、もっと楽な気持ちで行動できるかもしれません。

26日目

繰り越しがうまくいかなかった場合、「やめる」選択肢もあります。特に、どうしてもやる気にならないことは、「寝かせておく」と後日すんなりうまくいくかもしれません。その場合は、予定を「見え消し」して数カ月後に再度繰り越しを検討してみましょう。

27日目

と」も大切です。例えば、「家事を完璧にこなす」を目標にすると、完璧にこなせない自分を責めてストレスになってしまいます。そこで「やらないことリスト」に「完璧を求めすぎること」と書き込んでみましょう。「完璧じゃなくてもいいんだ」と気持ちが楽になるはず。気持ちが楽になったら、「やらないことリスト」に㊗マークをつけて「見え消し」しておきましょう。

28日目

欲しいものがたくさんある場合、「これがあったら便利」「これを持っていればオシャレ」と周囲から思わされているだけではないか、もう一度自問してみてください。また、手帳を買い替えるタイミングで手に入っていないものがあれば、次の年に更新するかどうか見直しましょう。本当に欲しいものがあらためて見えてくるはずです。

29日目

「ワクワクリスト」にやりたいことや、叶えたい夢を書く時は、できるだけ「状態」までを明確に記入しましょう。できるだけ具体的な「状態」を書くことによって、イメージしやすくなるはずです。

30日目

31日目

「就寝前の手帳タイム」や「月末タイム」の習慣化が、「手帳セラピー」のキーポイントとなります。

スケジュールやタスクを書き込むだけでは「使いこなしている」とは言い切れなかった人も、ふりかえることで充実感を得られるようになっているはず。また、「プチ内観」や「ハッピーマイレージ」によって、今までは気づくことができなかった自分の「気持ち」や、日々もたらされている幸運を上手にとらえられるようになっていることでしょう。

1カ月間をふりかえってみよう

1カ月前のマンスリーページ・ウィークリーページをもう一度開いてみてください。どのような変化があったでしょうか？

人間は環境や習慣が急激に変わると、期待とともに不安を抱いてしまうもの。そのため、よい状態を望むなら、状況を少しずつ変化させ順応させる必要があるのです。一日ずつ進んでいく手帳は、この「少しずつの変化」にとても有効なツールです。手帳に印字された日付といういう「時の流れ」に従って、自分の予定や行動を記録し、そこから得られるヒントを生かせば、きっと幸運に満ちた毎日がもたらされることでしょう。

「2度書き」ポイント一覧

事前に記入しておくこと　　本書参照ページ

マンスリーページ
- 予定
- 今月のテーマ　　P22
- 今月やること、今月やりたいこと　　P26
- 仕事のピーク（大きく枠ごと囲む）　　P46
- 完全休息日　　P48

ウィークリーページ
- 予定
- 今週やること、今週やりたいこと　　P58
- □一日一緑　　P68
- １週間未来宣言　　P78
- 夢への行動の日　　P82

その他
- やらないことリスト　　P98
- 欲しいものリスト　　P102
- ワクワクリスト　　P104

事後に記入すること　　本書参照ページ

マンスリーページ
- 今週のふりかえり　　P32
- 仕事のピーク（枠の内側を小さく囲む）　　P46
- 今月のテーマの達成率　　P110
- 今月のふりかえり　　P110

ウィークリーページ
- 豊かさのギフト、ハッピーギフト　　P64
- □一日一緑　　P68
- プチ内観　　P86
- シンクロ＆直感　　P90

COLUMN
自分にピッタリな手帳の探しかた

あなたが手帳を選ぶ基準は何でしょうか?

手帳セラピーでは「気軽に持ち歩けるサイズであること」と、「マンスリーページとウィークリーページの両方を備えていること」を必須とし、その他の細かい仕様は使う人のライフスタイルにあわせて選ぶことをおすすめしています。

ただし、いくつか注意しなければならない点があります。

まずはサイズについて。手帳はあなたをうつす鏡のようなもの。**手帳のキャパシティ＝あなたのキャパシティ**です。大きな手帳を持ったとして、その広いスペースに書き込んだ予定やTo Doをすべてこなせるでしょうか? 逆に、小さな手帳にあなたの予定をすべて書き込めるでしょうか? 1日、1週間、1カ月間の過ごしかたと「やること」「やりたいこと」を思い浮かべ、具合よく予定が記入できそうなサイズの手帳を選びましょう。手帳が使いこなせて初めて、自分の時間や能力を使いこなせるということを忘れずに。

次に**「手帳の複数使い」はできるだけ避けましょう**。1冊にまとめることでダブルブッキングを回避するとともに、仕事とプライベートのバランスが取れるようになります。

また、以下のような理由から、マンスリーページのみの手帳は推奨していません。

マンスリースケジュールは、1カ月間の流れや1週間の流れは把握しやすいのですが、1日分の記入スペースが狭く、朝から夜までの時間の流れを確認することが難しいのです。携帯電話やメールが発達した現代の生活は、昔に比べてとてもせわしなく、1日の間にたくさんのことが起こります。忙しい毎日を送っている現代人にとって適したものとは言えないでしょう。もし、「ウィークリーページの使いかたがわからないから」という消極的な理由でこのタイプを使っているなら、この機会にぜひ両方備えたものを手に入れて、手帳セラピーを実践してみてください。

ライフスタイルにあわせて手帳を選ぼう

次に、手帳のレイアウトバリエーションを見ていきましょう。

以下では、文具店や大型雑貨店などで手に入れることができる、一般的なレイアウトの手帳を紹介しています。それぞれ、「このタイプは、こんなライフスタイルの人にピッタリ」というアドバイスをしています。これを参考に自分のライフスタイルにあった手帳を選んでみてください。

バーチカルタイプ

汎用性が高いため、手帳セラピーでは、この「バーチカルタイプ」の使用をおすすめしています。

こんな人にピッタリ
- 1日のタスクが多い
- 時間軸にそって1日の流れを把握する必要がある

バーチカルとは、「垂直に」という意味。その名前の通り、1日の時間割が上から下に流れているタイプです。見開きで1週間のスケジュールが把握しやすく、予定が入っている時間帯と空いている時間帯も一目瞭然。ただし、空き時間が分かりやすいため、空欄に予定をつめ込んでしまいがち。意識的に休養を確保しないと、1時間刻みで予定に追われることになってしまうので注意が必要です。

レフトタイプ

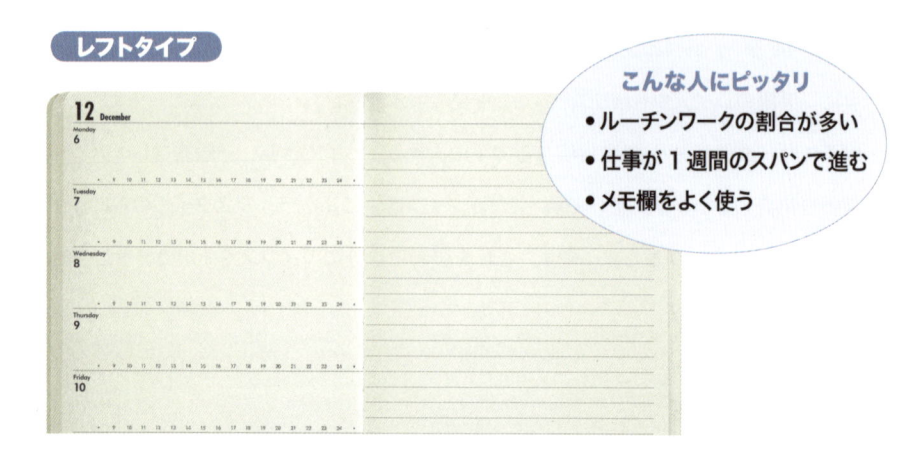

こんな人にピッタリ
- ルーチンワークの割合が多い
- 仕事が１週間のスパンで進む
- メモ欄をよく使う

見開きの左ページに７日分のスケジュール欄があり、右ページはメモ欄になっているタイプ。１日分の記入スペースがやや狭いので、仕事のスケジュールが流動的ではない人、定例の予定が多い人、メモ欄をよく使う人に適しています。１日の時間割が左から右に流れるので、時間ごとの詳細な予定はタテ書きで記入すると、時間の流れが把握しやすくなります。

１日１ページタイプ

こんな人にピッタリ
- １日のタスクが多い
- 記録をつける習慣がある（育児日記・食事日記など）
- １日のアポイントメントが多い

名前の通り、１日１ページずつの構成です。見開きで２日分なので、１週間の流れを見たい時はマンスリーページを活用しましょう。また、１日分の記入スペースが広いため、ついどんどん書き込んでしまい、予定を消化できない日が続いてしまう懸念があります。逆に、１日のタスクが少ない人は空白が目立ち、自分は何もしていないような錯覚に陥ることもあるようです。このタイプは１日のタスクが多い人や、育児日記など、日々記録を付けている人におすすめ。

土日のスペースが小さいタイプ

　このタイプは、土日が休みとは限らない、シフト制の仕事をしている人には使いづらいでしょう。逆に、あまり土日の予定が書き込めないので、週末しっかり休みたい人には適しています。

日曜日はじまりのタイプ

　カレンダーは日曜はじまりがほとんどなので、自宅や会社のカレンダーと揃えたいという人には適しているでしょう。ただし、土日がお休みの人にとっては使いにくいかもしれません。

　世の中にはさまざまな種類の手帳が存在します。その中から自分にピッタリと思える手帳に巡りあうのは、簡単なことではありません。ひとつだけ言えるのは、**「自分自身のライフスタイルを把握できた時に、自分にピッタリの手帳を選べる」**ということです。

　もしあなたが今、手帳選びに迷走しているなら、まずはバーチカルタイプを使って手帳セラピーを始めてみてください。1カ月も使ってみれば、合う・合わないを肌で感じはじめるはず。どうしても合わなければ、買い換えてもOK。ただし、何度も同じ失敗をしないように、「何が原因で使いにくかったのか」「どの点が改善されれば、使いやすくなるのか」をよく考えてからお店に足を運ぶようにしましょう。

　何度も開きたくなるような、自分にピッタリで使い心地の良い手帳を見つけて、「手帳のある生活」をますます楽しんでください！

おわりに

「たかが手帳で幸運を呼び込めるわけがない」と思っていた人も、この本を最後まで実践した今、その感想は驚きとともに変化しているのではないでしょうか？

メモ欄からマンスリーに、マンスリーからウィークリーへと5色ペンで色分けしながら「2度書き」していくたびに、漠然とした想いが言葉になり、現実につながる予定になっていく**爽快感**。手帳を片手に、書いた通りに行動をしていくだけで、今までできなかったことがどんどんできるようになっていく**達成感**。そして「時間」「予定」「気持ち」「偶然」という目に見えないものを一冊の手帳の上で引き合わせることで、これから進むべき方向が見えてくる**安心感**。「2度書き」の法則を取り入れた毎日は、きっとシンプルで充実感に満ちた日々になっていることでしょう。

過去のすべてを財産とし、今を支え、未来を思い描く力を授けてくれる手帳は、間違いなく**「幸運を呼び込む魔法の文具」**。「手帳セラピー」という書きかたの法則

を通して、自分自身に答えを導き出す力があることを実感してもらえたら、筆者としてこれほど嬉しいことはありません。

最後に、役に立つ手帳術本をつくりたいというまっすぐな想いで二人三脚をしてくれた編集担当の笹山さん、本文デザインを手がけてくれたマニュスクリプトのみなさん、公式ブログ「さとうめぐみのハッピー☆手帳セラピー」に日々気づきを報告してくれる全国の手帳セラピスタのみなさん、そしてこの本を手にとってくださったみなさんに、この場を借りてお礼を述べたいと思います。みなさんとの出会いこそが、手帳がもたらしてくれた最高の幸運です。本当にありがとうございました。

この本を手にするみなさんにたくさんの幸運が訪れますように！

目に見えるもの　見えないもの　すべてに感謝をこめて

庚寅　葉月　新月の夜に　さとうめぐみ

手帳セラピー おすすめグッズ

手帳に最適！ 好きな色が選べる５色ペン

手帳セラピーに最適な５色を自由に選び、セットして使えるペン。ゲルインクで滑らかに筆記できるのも魅力。

著者はデコでオリジナルアレンジを楽しんでいます♪

三菱ユニ スタイルフィット ５色ホルダー／１本 262 円（本体価格 250 円）
ゲルインクボールペン リフィル／１本 105 円（本体価格 100 円）
お問い合わせ先：三菱鉛筆株式会社　http://www.mpuni.co.jp/

はさみこんでも薄くて使いやすい、定番のメモ

手帳にはさみこんで携帯できる、薄くてコンパクトなミニノート。手帳にメモページが付いていない場合や、ページが足りなくなったときに便利。無地、方眼、横罫など種類も豊富。用途にあわせて選べる点も嬉しい。

ハンディピック・他リフィル スモールサイズ (130x70 mm) HP 無地 55 ミシン目入り／税込み 189 円
お問い合わせ先：ダイゴー株式会社　http://www.daigo.co.jp/

特別収録　手帳セラピーワークシート

✳ 欲しいものリスト

物欲は理想の姿を教えてくれる心の声。「欲しいもの」を思うままに書き出してみましょう。
デザイン、値段もできるだけ具体的に！　手に入れたら、感謝をこめて値段と日付を記して。

NO	日付	品物	予算	実際	手に入った日
1					
2					
3					
4					
5					
6					
7					
8					
9					
10					
11					
12					
13					
14					
15					
16					
17					
18					
19					
20					
21					
22					
23					
24					
25					

✳ はじめの一歩

左ページ「ワクワクリスト」にあなたの想いを書き留めたら、それを実現するためのはじめの一歩の行動をメモしておきましょう。

NO	内容
1	
2	
3	
4	
5	
6	
7	
8	
9	
10	
11	
12	
13	
14	
15	
16	
17	
18	
19	
20	
21	
22	
23	
24	
25	

特別収録　手帳セラピーワークシート

✴ ワクワクリスト

「これをやってみたい！」とひらめいたら、思い浮かんだ日付をつけて書き留めておきましょう。
想いが現実のものとなったら、叶った日を書き込んで緑色のマーカーで塗りつぶします。

NO	日付	内容	叶った日
1			
2			
3			
4			
5			
6			
7			
8			
9			
10			
11			
12			
13			
14			
15			
16			
17			
18			
19			
20			
21			
22			
23			
24			
25			

[著者プロフィール]

手帳セラピスト　さとうめぐみ

1973年山形県生まれ。昭和女子大大学院博士後期課程(日本文学)修了。上武大学講師。キモノコンシェルジュとしても活動中。

手帳という身近なツールを使って、暦に親しみ、自然と時間に調和していくことで「シンクロニシティ(意味ある偶然)」を呼び寄せ、自分との幸せな調和をはかる新しい手帳術「手帳セラピー」を広める活動を行っている。

現在、東急セミナー BE (http://www.tokyu-be.jp/)、池袋コミュニティ・カレッジ (http://www.7cn.co.jp/7cn/culture/cc/) での定期講座のほか、随時ワークショップを開催。

著書に『手帳は"完了形"で書く』『宇宙とつながる手帳の書き方』(共に東邦出版刊)。

オフィシャルサイト　http://www.utosa.net/
オフィシャルブログ　http://megukono.exblog.jp/

「手帳セラピー」メソッドが満載の公式手帳「シンクロニシティ手帳2011」はオフィシャルサイトにて好評発売中。

手帳セラピー™ は登録商標として出願中です。

編集／笹山浅海（マニュスクリプト）
編集協力／林由利子・S.KAWAKAMI
本文デザイン・DTP／佐藤由香・島田美樹（マニュスクリプト）
カバーデザイン／コンボイン　西野直樹
制作／シーロック出版社

マンスリー＆ウィークリーで幸運を呼び込む「2度書き」手帳術

2010年12月6日　初版第5刷発行

著　　者　さとうめぐみ
発　行　人　保川敏克
発　行　所　東邦出版株式会社
　　　　　　〒171-0014　東京都豊島区池袋2-30-13
　　　　　　http://www.toho-pub.com
印刷・製本　株式会社ショセキ
　　　　　　（本文用紙：OKいしかり AT46.5kg）

©Megumi SATO 2010 Printed in Japan
定価はカバーに表示してあります。落丁・乱丁はお取り替えいたします。
本書に訂正等があった場合、上記HPにて訂正内容を掲載いたします。